民族魂

学生成长励志故事读本

尊师重教 故事

陈志宏◎编著

延边大学出版社

· 延吉 ·

图书在版编目（CIP）数据

尊师重教故事 / 陈志宏著 . —延吉 : 延边大学出
版社 , 2013.3（2024.1 重印）
ISBN 978-7-5634-5402-0

Ⅰ . ①尊⋯　Ⅱ . ①陈⋯　Ⅲ . ①品德教育—中国—青年
读物 ②品德教育—中国—少年读物　Ⅳ . ① D432.62

中国版本图书馆 CIP 数据核字 (2013) 第 049230 号

尊师重教故事

主编：陈志宏

责编：孙淑芹

封面设计：映像视觉

出版发行：延边大学出版社

社址：吉林省延吉市公园路 977 号　邮编：133002

电话：0433-2732435　传真：0433-2732434

网址：http://www.ydcbs.com

印刷：天津市天玺印务有限公司

开本：155×220 毫米　　　1/16

印张：8

字数：50 千字

版次：2013 年 03 月第 1 版

印次：2024 年 01 月第 4 次印刷

书号：ISBN 978-7-5634-5402-0

定价：38.00 元

民族魂，是一个民族的精髓，体现了一种民族的精神，是民族存在的精神支柱。

说起民族的精神，人们通常都会想到爱国主义。从古代的屈原、岳飞，到近代为保卫祖国领土完整的人民英雄；从古代的发明家张衡、毕昇，到今天为祖国的建设事业贡献力量的科学家；从古代的李白、杜甫，到今天为民族文学艺术的提高而不懈奋斗的文学家……在他们身上，都体现出一种广义的爱国主义和爱国精神。

爱国主义是一种伟大的民族精神，也是中华民族的传统美德，与我们祖国上下五千年的历史一样源远流长。作为一种巨大的精神力量，它对中华民族的历史发展与进步产生了重大的影响。

民族魂
学生成长励志故事读本

前 言

在我国古代历史上，不仅出现过许多杰出的政治家、军事家、思想家、文学家、科学家、艺术家，还出现过一大批忧国忧民、鞠躬尽瘁的仁人志士和抗击外敌、抵御入侵的民族英雄。他们或开发和改造祖国的河山，创造灿烂的中华文明；或英勇反击民族压迫和外来侵略，捍卫国家的主权和民族的尊严；或坚决反对民族分裂，维护国家的统一和民族的团结；或顺应历史潮流，积极改革弊政，励精图治，治国安邦，施利于民……他们从不同的侧面体现了中华民族的爱国主义精神，谱写了爱国主义的壮丽诗篇，铸造了中华民族坚不可摧的"民族

之魂"。

　　人们之所以将爱国主义精神作为中华民族精神的主要特征，是因为19世纪以来的中华民族饱受外来民族的欺凌、压迫和剥削，从而需要以爱国主义来凝聚人心、努力奋斗，从而获得民族的解放。

　　翻开中国近代史册，最触目惊心的是一场场的战争、一件件的国耻。深重的民族灾难，撞击着每一个爱国者的心。帝国主义列强发动了第一次鸦片战争、第二次鸦片战争、中法战争、中日甲午战争、八国联军之役等大小100多次战争。每一次战争，都以强迫清政府签订不平等条约而结束。

　　面对亡国灭种的威胁，华夏大地的炎黄子孙们掀起了波澜壮阔的爱国热潮，创造了光照千秋的爱国主义业绩。中华民族所散发出来的民族精神，无论在深度和广度上都是前无古人的。无数民族英雄、志士仁人，在救国图存、振兴中华的斗争中所表现出来的爱国精神，既是对中华民族古代爱国主义传统的继承与发扬，又具有鲜明的时代特征。

　　除了爱国主义之外，勤劳、勇敢、诚信、团结、知礼、尊贤、节俭、敬业，热爱和平、不屈不挠、自强不息、励精图治、开拓创新等，也都是中华民族的精神精髓，是中华民族灵魂的具体表现。在五千年的历史中，我们的先辈在这片土地上，以这种高尚的品行和美德不

断地开辟，才有了如今屹立于世界民族之林的东方强国。作为一个有着漫长历史的积淀与升华的民族，伟大的民族精神早已烙刻在了我们每个人的灵魂深处，与我们的血肉融合在一起。

青少年是国家的希望，也是民族不断发展和延续的根本。总有一天，我们的民族精神、我们祖国的这片神奇的土地要传到当代青少年手中。从这个意义上来说，我们民族精神的生机与活力，我们祖国的命运与前途，也掌握在青少年的手中。因此，青少年的爱国主义教育和励志图强教育也就显得更加重要。为了增强和提升国民教育，尤其是青少年的爱国主义精神、民族精魂志向，我们精心编写了本套丛书——《民族魂——学生成长励志故事读本》丛书。

本套丛书将有史以来体现民族精神和民族灵魂的典型事迹，以通俗易懂的故事形式娓娓道来，非常适合青少年的阅读水平和欣赏口味。书中提供了古往今来多个典型人物和事件典范，展现出的人物也涉及社会的各个层面，有利于青少年立心、立志、爱国、进取，从而全方位地领悟中华民族的精神、灵魂之所在。

在本套丛书中，为帮助读者更好地理解和学习这些源远流长的美好精神，我们还在每一篇故事后面给出了"心灵物语"，旨在令故事更加结合现代社会，结合我们自身的道德发展，提高我们的民族爱国精神，并由此

而引发读者进一步的思考。

深刻的哲理人生，表现了博大精深的文化；精彩的人物事迹，道出了励精图治的典范；历代的爱国故事，喻出了民族精神的深意；高尚的品德展现，浓缩了上下五千年的灿烂文明……我们希望，青少年朋友们通过阅读本套丛书，能够受到深刻的爱国主义教育，能够真正体会到中华民族的灵魂所在，同时更能够汲取精华，励精图治，为提升自己的个人素质、为祖国未来的建设和发展作出努力。

全套丛书分类编排，内容详尽，文字优美，风格独具，是广大读者，尤其是青少年爱国励志教育的优秀读物。我们相信，本套丛书一定可以成为青少年朋友们的良师益友。

导言

　　尊师重教，历来是中华民族的传统美德之一。在中国历史上，凡是有作为的政治家、思想家、教育家无不重视教育，尊重教师。古人云："三教圣人，莫不有师；千古帝王，莫不有师。""不敬三师，是为忘恩，何能成道？"《礼记·学记》中指出："师严然后道尊，道尊然后民之敬学。"意为：教师受到社会普遍尊敬之后，教育才能得到重视；教育得到重视后，人们才懂得努力学习。三者的关系互为前提。《吕氏春秋·劝学》中讲道："疾学在于尊师。"《荀子·大略》中有："国将兴，必贵师而重傅……国将衰，必贱师而轻傅。"这些都深刻地阐明了国家兴衰与重视知识、尊敬教师的关系。

　　教师受到尊重，意味着人们重视教育，人们接受教育就会认识到学习的重要性，为懂得更多的道理就会重视学习，尊敬老师。如此良性循环，古人对其认识是相当深刻的。"戊戌四君子"之一的谭嗣同先生在《浏阳算学馆增订章程》中也曾告诫世人："为学莫贵于尊师。"

　　《礼记·学记》中指出："凡学之道，严师为难。"意为：在所有做学问的道理中，尊敬老师可谓难事。尊敬老师是学生的本分，然而尊师难以持之以恒。初学尊师并不难，但是学生逐渐学有所成，甚至超过老师时，尊师就很勉强了。这也是有些人终不能成大气候的根本原因。

　　重教是尊师的前提，对一个人、一方官员、一个政府都是如此。一个不重视教育的人，他心里是不会尊重老师的；一个不重视教育的民族，不重视教育的当权者，也不会尊重老师。历史上，有无数这样的例子。在本书中所记述的，从帝王将相到成功名人，无不有尊师重教的感人故事。尊师爱师者如："颜回为师讨米""燕伋每日望鲁思师""魏文侯极尊段干木""李世民尊师教子""林则徐一生奉师训""汉明帝对师恭敬""史可法探监看老师"等；重教者如"石勒尊师重教""康熙启用传教士为师""乾隆帝题字为重教""雍正帝扣银罚学使"等。

现在，教育被国家和大众所重视、所倡导。但是，一些人不知道学习是为了求知和丰富自己，而是把学习和学历当成镀金的工具；教育者不知道施教是为了培养人才，而是把学生考分的高低看成自己奖金收入的标尺；教学不是相长，而是相对，甚至相斥；师生情不是越处越浓，而是越来越淡；为师不尊者有之，为学不敬者更有之。这些现象实在令人痛心，实在不是正常社会应有的良好氛围。

因此，我们应该重新竖起尊师重教的旗帜，而不仅仅是增加一个"教师节"。身为教师，真正地从心里把教书育人看作自己的天职和本分，看作义务而不是负担，更不是谋财的工具，做到"诲人不倦"；身为学生，真正地从心里把好好学习当作自己的义务，把学到更多的本领和知识当作自己的使命，尊重老师的辛勤培育。此外，更该有各级政府对教育的投入和重视，学校不该是当地最破旧的建筑，教师不该是人们都不愿意做的工作。我们只有通过自身的实际行动来弘扬尊师重教的优良传统，才能在社会上树立良好的学风，推动我国教育事业的发展。

目录

CONTENTS

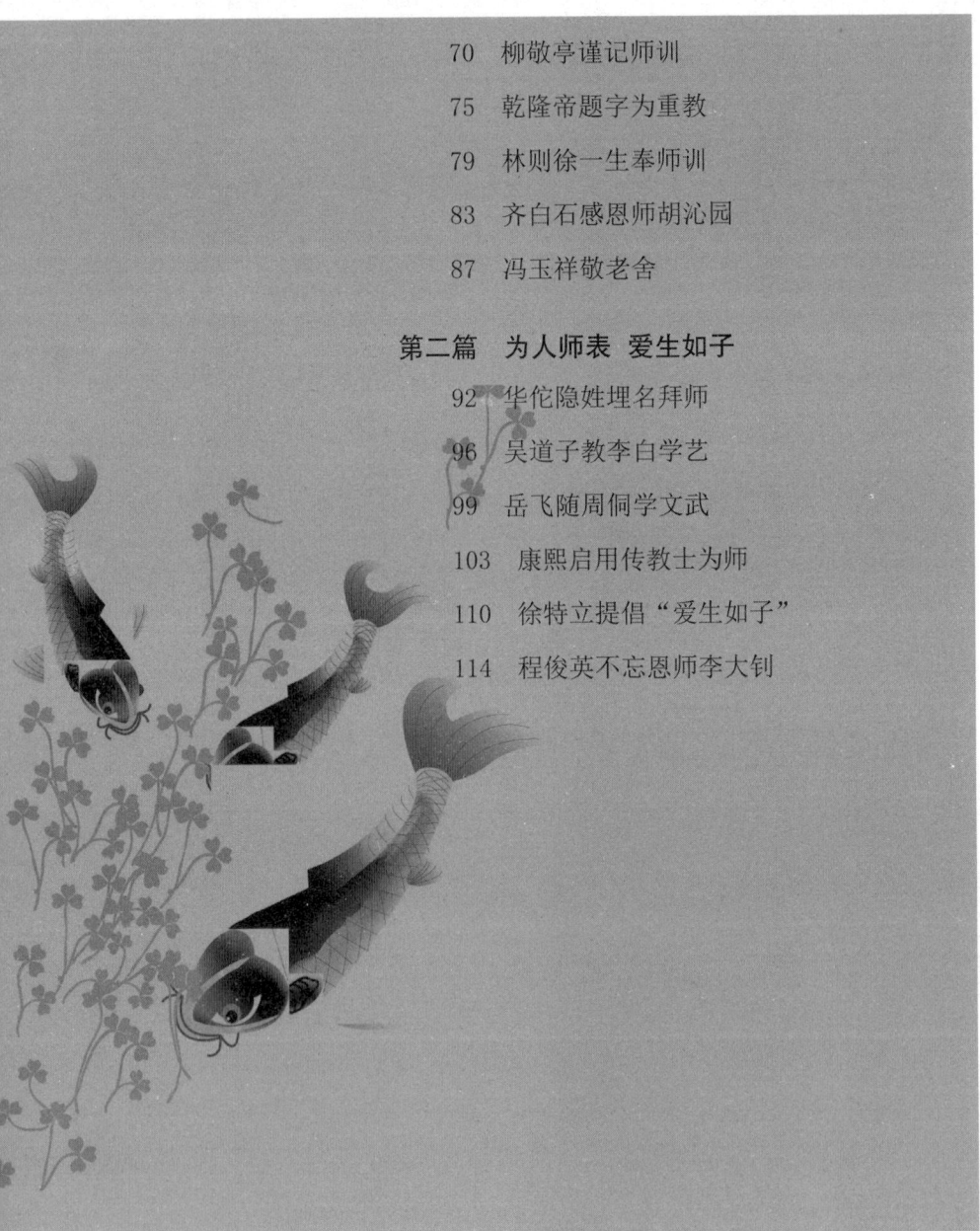

第一篇
尊师敬师爱师

孔子尊师树楷模

> 孔丘（公元前551—前479年），字仲尼，汉族人，春秋时期鲁国人。孔子是我国古代伟大的思想家和教育家，儒家学派创始人，世界最著名的文化名人之一，编撰了我国第一部编年体史书《春秋》。据有关记载，孔子出生于鲁国陬邑昌平乡（今山东省曲阜市东南的南辛镇鲁源村）；孔子逝世时，享年72岁，葬于曲阜城北泗水之上，即今日孔林的所在地。孔子的言行、思想主要载于语录体散文集《论语》及先秦和秦汉保存下的《史记·孔子世家》。

这是一个柳树发芽、杨树吐穗的季节。在踩着发暄的田埂上，走着一行十几人。走在队伍前边的，是一位年近40岁的中年人。来到大黑门前，前边的中年人停住了脚步。他拢拢发髻，整整长衫，后边的人也都跟着做了一番整理。然后前边的中年人轻轻地敲了敲院门。

一个充满灵气的书童出现在人们面前。书童边作揖边说："孔先生，请。"声音很轻。

孔子微微点点头，微笑着高高地把腿抬起，轻轻地迈进门里。后边是孔子的学生，他们也都学着老师的样子，进到院里。

书童推开房门，孔子带学生进到书房，他们自动在李聃老师的身后站成个弧形，这一切行动没发出一点儿声响。

李聃——就是老子，正在闭目养神，这是他思考问题、研究学问的独特方式。

阳光照在院墙顶上一块亮晶晶的石块上，反射出的光从敞开的窗子进到书房。孔子他们刚进来时，这圆圆的光点映在白墙上，像一朵洁白的小花，为书房增添了光彩。不一会儿，光点移到桌面上，之后又落到地面上。然后，又一点点消失了。站立的人们，目光一直盯在这缓缓移动的光点上。

这时，李聃老师微微睁开双眼。孔子忙上前行礼作揖，说："学生孔丘，愿听老师的教诲。"

"请教什么问题？"李聃抬眼问。

孔子把前两天学生向他提问，他答不上来的问题，对老子讲了。

一次，学生们路过山下，见冲过水的山崖石壁变得浑圆光滑，不知为什么那么柔的水，能把那样坚硬的岩石磨圆？

这是位长得精瘦的学生问的。他这时凑上前，想仔细听听老子的解答。

李聃看了看孔子，又看看学生们，十分平静地张开嘴，问孔子："你看我的牙怎么样？"

李聃的双唇已明显陷下，张了半天嘴，没露出一颗牙。

孔子鞠个躬，说："老师的牙全掉了。"

老师点点头。隔了一会儿，他又把舌头伸出来，问孔子："你再看看我的舌头。"

孔子又鞠个躬，说："老师的舌头很好。"

李聃又点点头，然后把眼闭上。

孔子眨着眼想了想，笑了。之后向老师深深鞠了个躬，轻声说："谢谢老师的指教。"

学生们糊里糊涂地跟着孔子走出小院，才对老师说："李老师还没有解答咱们提出的问题呢！"

孔子笑笑，指指李聃的小院："李老师不是已经给我们解答了吗？"

学生们疑惑地互相看看，好像在说：解答什么了？

孔子说："李老师解答得非常好。"

孔子接着说："李老师是用牙齿和舌头作比喻解答的。他讲的意思

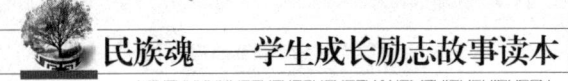

是，世上坚硬、强大的东西，不一定就一成不变；而一些柔软、弱小的东西，倒可能保持它们原来的样子。"

经孔子这么一指点，学生们立刻明白了，不约而同地"噢"了一声。

那个长得精瘦的学生一拍大腿，说："明白了，明白了。别看岩石那么坚硬，到头来让柔软的水给磨光了，变了样子；水呢，平常软乎乎的，千百年下去，还是这个模样。"末了，他又问孔子："老师，这能不能算大自然的规律呀？"

孔子一愣："规律？我看有这种可能。咱们回去根据李老师说的，摆摆自然现象，看看这是不是规律。"师生一行人踏着轻盈的步伐，沿着田埂向自己的书院走去。

■心灵物语

誉满天下的孔子见到老师正在思考问题也不去打扰，而是耐心等待，并且诚挚、认真、谦虚地向老师请教，表现出了对老师无比的尊重。

■史海钩沉

孔子向老子求教

公元前521年春，孔子得知学生官敬叔奉鲁国国君之命，准备前往周朝京都洛阳去朝拜天子，认为这是个向周朝守藏史老子请教"礼制"学问的好机会，于是便征得鲁昭公的同意后，与南宫敬叔同行。

在到达京都的第二天，孔子就徒步前往守藏史府去拜会老子。老子听说孔子前来求教，赶忙整理衣冠出迎。孔子见大门里出来一位年逾古稀、精神矍铄的老人，料想便是老子，急趋向前，恭敬地向老子行弟子礼。

进入大厅后，老子问孔子为何事而来，孔子离座，恭恭敬敬地回答说："我学识浅薄，对古代的'礼制'一无所知，特地向老师请教。"老子见孔子如此诚恳，便详细地向他解释了自己的见解。

　　回到鲁国后，孔子的学生请求他讲解老子的学识。孔子说："老子博古通今，通礼乐之源，明道德之归，确实是我的好老师。"同时，他还赞扬老子说："鸟儿，我知道它能飞；鱼儿，我知道它能游；野兽，我知道它能跑。善跑的野兽我可以结网逮住它，会游的鱼儿我可以用丝条缚在鱼钩钓到它，高飞的鸟儿我可以用良箭把它射下来。至于龙，我却不知道它是如何乘风云而上天的。老子，其犹龙邪！"

■文苑荟萃

编年体

　　所谓编年体，其实就是以年代为线索编排有关历史事件的一种文学体裁。

　　编年体史书以时间为中心，按年、月、日顺序来记述史事。由于它是以时间为经、以史事为纬的，所以可以比较容易地反映出同一时期各个历史事件的联系。

　　因编年体为中国最古老的历史体裁，故而《隋书·经籍志》称之为"古史"。

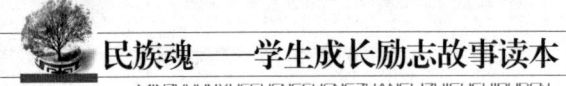
 ## 颜回为师讨米

> 颜回（公元前521—前490年或前481年），春秋末期鲁国人，字子渊，亦颜渊，孔子最得意的弟子。《雍也》说他"一箪食，一瓢饮，在陋巷，人不堪其忧，回也不改其乐"。为人谦逊好学，"不迁怒，不贰过"。他异常尊重老师，对孔子无事不从，无言不说，以德行著称，孔子称赞他"贤哉，回也"，"回也，其心三月不违仁"（《雍也》）。不幸早死。自汉代起，颜回被列为七十二贤之首，有时祭孔时独以颜回配享。此后历代统治者不断追加其谥号：唐太宗尊之为"先师"，唐玄宗尊之为"兖公"，宋真宗加封为"兖国公"，元文宗又尊为"兖国复圣公"。明嘉靖九年改称"复圣"。山东曲阜还有"复圣庙"。

二月虽有杏月、花月、仲春的美称，但原野依然萧条，北风依然刺骨。

颜回走在前边，用身体为老师抵挡着凛冽的寒风。

越走越艰难了。到后来，风本来已经减了下来，师生二人仍在路上冷得瑟瑟发抖，而且身体抖得越来越厉害了。

他们已有七天没吃饭了——尽管他们在努力克制自己，不去想食物，但这毕竟是生存不可缺少的。所以，想把它从脑子里赶走也不可能。

颜回不敢向老师提出放弃去陈国和蔡国讲学的建议。他知道，他的老师为了传授知识、研究学问，是任何困难也阻挡不住的。

他记得，有一次老师病得不能下床，说话困难，还要把学生们叫到他床前，听他们汇报学习情况。

颜回看看老师灰黄的脸色，摸摸老师冰冷的双手，说："您慢慢走，我到前边看看什么地方有人家。"老师点了点头。

　　颜回跑到前边，东一趟、西一趟地寻找人家。忽然他发现西边原野尽头有座小房。他像发现宝贝一样，赶忙跑过去看。原来是间极小的茅草房。大概是远处来这里种地的人，为遮风避雨盖的。

　　颜回高兴地返回去，搀扶着把老师带进小房里。给老师身下铺上软草，旁边点了一堆火，让老师躺下来休息，自己去找饭。

　　颜回深信，有茅草房，离村庄就不会很远，他努力地寻找通往村庄的路。而风已把田野吹得一片茫茫，分不清哪里是田地，哪里是原野，哪里是小路，他只能凭借田野上细微的差异特征，努力判断作为小路的可能性。

　　从太阳当头，找到影子拉长，颜回真的找到了一个小村庄——虽然只有二三户人家。

　　颜回见到一位老婆婆，像见到了救命恩人一样，对老人又叩头，又作揖。好心的老婆婆把自家数量不多的米给他装了两捧。

　　颜回兴冲冲地跑回到老师身边，对躺在草堆上烤火的老师说："有粮了，有粮了！"老师的脸也在火光的映照下显出了光泽。

　　颜回在外边煮饭。不一会儿，米饭的香味弥漫开来，孔子被馋得不住地咽口水。后来，他实在饥饿难耐，爬起来走出小屋。

　　"熟……"孔子想问颜回饭熟没熟，却发现颜回在炉火边正往嘴里送饭。他心里很不高兴，没想到，一向认为最好的学生，居然不按他平时教导的，吃饭要敬父母、敬长辈，自己却先吃起来。

　　颜回见老师出来了，忙拿起一只碗，要从锅里盛饭给老师。孔子摆摆手，猫腰从地上抄起方才颜回吃的那碗饭，说："方才在你去找米时，我在小屋里躺着躺着睡着了，恍恍惚惚做了个梦，梦见了我去世的父亲，用这第一碗米饭来祭奠他老人家吧。"

　　颜回急忙站起身，抓过老师手里的米饭，说："不行，不行，在我盛好米饭准备给您送去的时候，一个火炭掉进米饭里。我把火炭扔掉，把脏的米饭吃了。您不能用这碗脏了的米饭祭奠。"

　　孔子听后，这才明白。他接过颜回递来的干净的米饭，面向北方，双腿跪下，面前摆上了热腾腾的米饭。

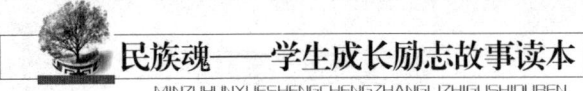

颜回也恭敬地跪在老师身后。等老师站起身时，又从锅里盛来一碗干净的米饭，双手捧给老师，自己把那碗脏的饭吃下去。

孔子一口接一口，不停顿地往嘴里扒饭，他觉得这碗的米饭格外香甜。

■心灵物语

颜回把脏了的米饭全部吃掉，而把干净的米饭留给自己的老师和用以祭奠，体现出颜回以师为本、尊师敬师的高贵品质，堪称尊师的典范。

■史海钩沉

颜回好学

颜回自幼便刻苦好学，29岁时头发就全白了，而且很早就去世了。

颜回去世时，孔子哭得十分哀痛，说："自从我有了颜回这个学生，学生们就更加亲近我。"

鲁国国君问孔子："你的学生中谁是最好学的？"

孔子回答说："有个叫颜回的最好学，而且他从不把脾气发到别人身上，也不犯同样的错误。不幸的是，他年纪轻轻就死了，之后就再也没有发现好学的人了。"

■文苑荟萃

《论语》

《论语》是我国古代儒家学派的经典著作之一，由孔子的弟子及其再传弟子编撰而成。

《论语》以语录体和对话文体为主，记录了孔子及其弟子的言行，其内容集中地体现了孔子的政治主张、伦理思想、道德观念及教育原则等，与《大学》《中庸》《孟子》《诗经》《尚书》《礼记》《易经》《春秋》并称"四书五经"。通行本《论语》共二十篇。

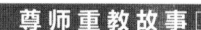

 # 子贡维护师尊

端木赐（前520—前456年），字子贡，复姓端木，名赐，卫国黎（今河南浚县）人，曾任鲁、卫两国之相，是孔门七十二贤中最有作为者，且列言语科之优异者。子贡是春秋时期了不起的外交家和商人，被后世奉为"儒商鼻祖"。孔子曾称其为"瑚琏之器"。他利口巧辞，善于雄辩，且办事通达。他还善于经商之道，曾经经商于曹、鲁两国之间，富至千金，为孔子弟子中的首富。

春秋时期，孔子的学生子贡聪颖好学，克己自律，对老师毕恭毕敬。不仅是孔子儒家学说的传播者，而且还是其坚定的捍卫者。他视师志为己志，弘扬品德仁慈政治思想，时时处处维护老师的尊严以及荣誉。

陈子禽问子贡说："孔子的学问是从哪里学习来的？他周游各国，了解了各国的政事，是哀求人家告诉的，还是人家主动说的呢？"

子贡说："文王、武王的性情以及和蔼之道活在人间，贤能的人懂得它的内在，缺乏贤能的人只知道它的外相，道义公理无处不在，役夫在哪里不克不及进修呢？役夫打听消息的方式也与一般人不一样，他是凭着温文、善良、恭谨、朴实、忍让的美德学习来的。"

齐景公向子贡询问孔子的贤能时，子贡马上回答说："役夫贤人也，岂直贤哉。"

鲁国大夫叔孙、武叔诋毁孔子，子贡义正词严地说："如许做是没有效的！役夫是诋毁不了的。旁人的贤德就像丘陵，还可超越，役夫的贤德如日头以及月亮，是无法超越的。虽然有人要自绝于日月，对于日月又有什么损害呢？只是表明他蚍蜉撼树罢了！"

■心灵物语

子贡这样做是源于他对孔子的敬佩以及对其学说和主张的深刻理解，源于他坚定地认为追求真谛以及维护品德是公理的事情。

■史海钩沉

孔子与老人

孔子在周游列国时，经过一个村庄，遇到一位老人，他正从井里面打水浇地。孔子认为老人在做十分辛苦的工作，他肯定是因为没听说过现在已经有机械装置可以打水了，所以就过去对老人说："你听说过现在有机器可以打水吗？用它们从井里打水非常容易，你需要12个小时才能完成的活儿，它们在半小时之内就能完成。你可以让马来做这件事情，何必费这么大的力气呢？你是一个老人啊！"

老人说："用手工作总是好的，因为每当狡猾的机器被使用时，就会出现狡猾的头脑。事实上，只有狡猾的头脑才会使用狡猾的机器，你这不是在存心败坏我吗？我是一个老人，让我死得跟生出来时一样单纯，一个人就会保持谦卑。"

孔子回到门徒那里后，门徒问："您跟那个老人谈什么呢？"

孔子说："他看起来似乎是老子的门徒。他狠狠地敲了我一棒，而且他的论点好像是对的。"

■文苑荟萃

孔子的人生态度

发愤忘食，乐以忘忧，不知老之将至，云尔。

饭疏食、饮水，曲肱而枕之，乐亦在其中矣。

不义而富且贵，于我如浮云。

贤哉，回也！一箪食，一瓢饮，在陋巷，人不堪其忧，回也不改其乐。贤哉，回也！

士志于道，而耻恶衣恶食者，未足与议也。

富与贵，是人之所欲也；不以其道得之，不处也。贫与贱，是人之所恶也；不以其道得之，不去也。

富而可求也，虽执鞭之士，吾亦为之。如不可求，从吾所好。

有朋自远方来，不亦乐乎？

见利思义，见危授命。

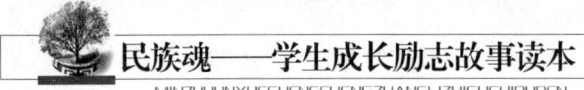

燕伋每日望鲁思师

> 燕伋（公元前541—前476年），字子思，孔子七十二贤之一。出生于今宝鸡市千阳县水沟镇燕家山。据燕氏家谱记载，燕伋一家三代同堂，有祖父、祖母、父亲和母亲，是一个家道殷实、知书好礼的耕读传家之旺族。燕伋的祖父名公胜，父亲名公滕。

孔子西行而不入秦国，据说有两个原因：一种说法是说孔子不喜欢"虎狼之邦"的秦国，讨厌秦国不讲他的那一套"礼仪"；另一种说法，是说孔子在潼关遇到几个小孩子玩土堆城的游戏，孔子要孩子们让路，孩子们质问他，"是车该绕城走还是城该让车行？"孔子在秦国的孩童面前输了理，就更不敢到秦国丢人去了。但是，孔子三千弟子中名列"七十二贤"的燕伋，却是秦国人。

燕伋与孔子的其他弟子，如颜渊、曾参、子贡、子路等相比，可能成绩稍差些，无论是立德、立功，还是在立言方面，都没法和他们相比，所以名气也没他们大。但到了唐朝开元年间，唐玄宗却追封他为"渔阳伯"；宋朝的皇帝更看重他，将其晋级加封为"千阳侯"。之所以得到这样的厚封，原因只有一个：燕伋一生"尊师重教"。

在完成学业后，燕伋便回到了自己阔别17年的故乡，即现在的陕西省宝鸡市千阳县水沟村。他一不做官二不经商，而是在千水之滨办学校宣扬教育，在偏僻的西秦传播他的老师孔子的儒家学说。

　　燕伋终生都没有忘记恩师，每天讲完课后，都会登上学校后面的窑背上，遥望着东方，那是老师孔子的居住地——鲁国所在的方向。一往情深的燕伋当然看不见远在天边的老师，他就每次用衣襟捧一包土垫在脚下，日积月累，脚下便形成了一个高大的土台。后人给这个光秃秃的土台起了一个很有诗意的名字：望鲁台。

　　就凭着每天的这一捧土，燕伋被后代人封为侯爵。

■心灵物语

　　燕伋尊师，可以说是感情的流露和实际行动的表达。不忘恩师，以遥望鲁国表达自己的思师之情，办学搞教育，也是为了将老师的儒家学说发扬光大。这种尊师的情感表达，让我们更觉得实实在在，也让人钦佩。

■史海钩沉

颜回输冠

　　颜回爱学习，德行又好，是孔子的得意门生。

　　有一天，颜回去街上办事，看到一家布店的门前围满了人。他上前一问，才知道是买布的与卖布的吵起来了。

　　这时只听买布的大嚷大叫："三八就是二十三，你为啥要我二十四个钱？"

　　颜回走到买布的跟前，先施一礼，然后说："这位大哥，三八是二十四，怎么会是二十三呢？是你算错了，不要吵了。"

　　买布的仍不服气，指着颜回的鼻子说："是谁请你出来评理的？你算老几？要评理只有找孔夫子，错与不错只有他说了算！走，咱俩找他评理去！"

　　颜回说："好。孔夫子若说你错了怎么办？"

　　买布的说："说我错了输上我的头！要是你错了呢？"

　　颜回说："说我错了，我就输上我的冠。"

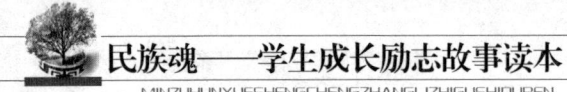

二人打着赌，找到了孔子。孔子问明了情况，就对颜回笑笑说："三八就是二十三啊！颜回，你输啦，把冠取下来给人家吧！"

颜回从来不跟老师斗嘴。他虽然不服气，可还是听从老师的话，恭恭敬敬地摘下帽子，交给了买布的。

那人接过帽子，得意地走了。

对孔子的评判，颜回有些想不通。第二天，他就借故说家中有事，要请假回去。孔子明白颜回的心事，也不挑破，点头准了他的假。

■文苑荟萃

《中庸》

《中庸》原本属于《小戴礼记》中的一篇。作者为孔子的后裔子思。后来秦代学者对其进行了修改整理。

《中庸》是被宋代学者提到突出地位上来的。在宋朝，探索中庸之道的文章很多，尤其是北宋的程颢、程颐兄弟，更是极力尊崇《中庸》。后来，南宋的朱熹又作《中庸章句》，并将《中庸》和《大学》《论语》《孟子》并列称为"四书"。

宋、元以后，《中庸》便成为学校官定的教科书和科举考试的必读书，对古代教育产生了深远的影响。

所谓中庸，其实就是既不善也不恶的人的本性。从人性来讲，就是人性的本原，人的智慧本性。用现代文字表述，也就是指"临界点"。这就是难以把握的"中庸之道"。

 # 魏文侯极尊段干木

　　魏文侯（？—前396年），名斯。他是魏武侯的父亲，魏国百年霸业的开创者。魏文侯在战国七雄中首先实行变法，改革政治，奖励耕战，兴修水利，发展封建经济，北灭中山国（今河北西部平山、灵寿一带），西取秦西河（今黄河与洛水间）之地，遂成为战国初期的强国。

　　一辆由四匹马牵引的四轮马车，在一幢绿树掩映、篱笆围成的小院前停下了。国君魏文侯在人们的搀扶下下了车。

　　魏文侯扬扬手臂，随从们停在了车旁。他独自缓缓来到门前，轻轻地敲门。开门的是位妇人。他向妇人作了揖，说："请你禀告段先生，魏文侯求见。"

　　妇人一听是国君魏文侯来了，忙跑回屋去转告。刚推开门就说"国君要……"可是一看，屋里没人了，她不知方才还在的段干木现在哪儿去了。

　　段干木先生是一位很有才能的文人。由于他不愿做官，就一直住在这个贫困简陋的小院子里，想就这样隐姓埋名地度过一生。但是由于他学问出众，所以全国都知道有个学识渊博的段干木。魏文侯就是特意来向他请教学问的。

　　妇人进去不一会儿，神色紧张地出来报告："段先生今天不在。"

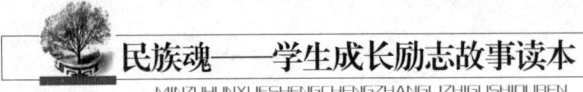
　　段先生今天在与不在，难道妇人非要回去看看才知晓？显然这里有问题。魏文侯心里疑惑，但始终站在院门外，未向小院迈进一步。

　　魏文侯没说什么，向妇人深施一礼之后，后退两步，等妇人把院门关好，又连连后退十来步，深深地向小院鞠个躬。

　　他微微向随从们招招手，随从们牵着马，车轮转动了。他紧跟车后，步行很远之后，才坐上车。

　　妇人回到屋里，正为找不到段干木着急，过了一会儿，后窗响过之后开了，段干木探进身来。

　　原来，妇人在开院门时，段干木透过窗孔看见是个官人模样的人找他，确认不会有好事，便掀开后窗，跳墙跑了。

　　魏文侯遭到冷遇，非但没对段干木产生反感，反倒对他增添了几分敬意。之后，他又几次上门拜访段干木，妇人总说他不在。等妇人关了院门，他就向着小院深深鞠一个躬。

　　有一次，妇人很直率地告诉魏文侯："尊敬的国君，实话告诉您吧，我家段先生不愿见您。"

　　魏文侯笑着说："这我知道。不过，他的才能值得我尊敬，我愿恭恭敬敬做他的学生。我相信，总有一天，段先生会愿意见我的。"

　　妇人把这些话和国君魏文侯每次向院子鞠躬的情形向段干木说了之后，段干木再也坐不住了，他告诉妇人，国君再来，请他进屋。

　　魏文侯终于见到段先生了。

　　魏文侯和段干木第一次见面，就恳切地提出，请段干木出来当国家的宰相。可是好说歹说，段干木都不肯。魏文侯只能经常登门求教学问，不敢再提请他当宰相的事了。

　　每次魏文侯来到段干木家，段干木和妇人都热情地迎接，倒茶让座，但魏文侯坚持请段先生坐着讲，自己恭恭敬敬地站在一边听。

　　段干木给魏文侯讲如何爱护百姓，讲如何发展生产，如何增强兵力等治理国家的道理，常常从太阳出山讲到烈日当空，又从烈日当空讲到晚霞满天。

魏文侯每次都站在老师身边，认真地听讲，努力记忆，积极思考，腿站累了，腰站痛了，也不肯打断老师讲课。

魏文侯从段干木那里学到许多治国安邦的道理和办法，在自己做国君期间，都按老师教授的办法治理国家，魏国也因此越来越强大了。

在魏文侯治国有了巨大成就之后，仍然坚持经常听取段干木的教诲。每当魏文侯来到段干木的小院，他都叫随从到院外等候，自己轻轻步入段先生的书房。就是他外出路过段干木的小院，都下马改作步行。人们都称段干木的小院是可敬的小院。

□心灵物语

身为一国之君的魏文侯数次被拒之门外依旧不怒，不强迫人，反而更加尊敬段干木，虚心求教，其品行实在可贵。

□史海钩沉

平籴法

春秋战国时期，三家分晋以后的公元前445年，魏文侯即位。不久，他便任命李悝为相，主持变法。这也是战国时期最早进行的一次变法运动。变法的一项主要内容，就是"平籴法"。

实行平籴法主要是为了调动农民的生产积极性，促进魏国的国力发展，提高当时的经济发展水平，由国家调剂粮食价格，以稳定小农经济。由国家控制粮食的购销和价格：政府在丰年以平价收购农民余粮，防止商人压价伤农；在灾年则平价出售储备粮，防止商人抬价伤民，防止"谷贱伤农，谷贵伤民"。

西门豹治邺

春秋战国时期，邺是抑制赵国南进中原与魏国争利的战略据点，因此必须任用一位能够独当一面的大臣。于是，魏文侯选择了当时名声赫赫的西门豹。

当时，漳河的水经常泛滥，涌向邺地，致使邺地的百姓深受水灾祸患。而当地的三老、廷掾以为河伯妻平息水患为名，从老百姓身上搜刮了大量的钱财。

西门豹到达邺地后，便以其人之道还治其人之身，巧妙地废除了为河伯娶亲的陋习，阻止了人口流失，为百姓节省了大量赋税。

为解决漳水泛滥和邺地盐碱化严重的问题，西门豹在漳水南岸开凿了12条水渠。这些水渠出色地完成了泄洪任务，消除了漳水的泛滥现象。西门豹还利用这12条水渠将漳水引入邺地灌溉农田，改善了邺地的耕地质量。邺地的经济开始复苏，原来逃走的百姓也陆续回来了。

邺地的老百姓对西门豹充满了感激，因此也十分拥护魏国的统治。在西门豹的治理下，邺地成为魏国制赵的战略基地，处于魏国中央政府的控制之下。赵国对邺曾采取过多次进攻，但都无法占领，魏军在邺地百姓的支持下很快就赶走赵军，夺回邺地。由于无法突破邺地对邯郸的封锁，赵国也一直无法进入中原。

 # 文王恭敬姜子牙

　　姜尚（约公元前1128—前1016年），字子牙，吕氏，尊称太公望，武王尊之号为"师尚父"，世称"姜太公"，汉族（华夏族）。"海曲城有东吕乡东吕里，太公望所出也"，据说其祖先在舜时为"四岳"之一，曾帮助大禹治水立过功，被封在吕，姜为其族姓。姜子牙出世时，家境已经败落，所以姜子牙年轻时干过宰牛卖肉的屠夫，也开过酒店卖过酒，聊补无米之炊。但姜子牙人穷志不短，无论宰牛，还是做生意，始终勤奋刻苦地学习天文地理、军事谋略，研究治国安邦之道，期望能有一天为国家施展才华。虽然他满腹经纶、才华出众，但在商朝怀才不遇。他已年过60，满头白发，阅历过人，仍在寻机施展才能与抱负。

　　姜子牙是个有雄才大略的人，他年轻时便胸怀济世之志，欲施展自己的抱负，可是一直都怀才不遇，大半生处于穷困潦倒之中。他曾在朝歌宰过牛，又在孟津卖过面，转眼便到了垂生暮年，两鬓白发苍苍。他听说了当朝贤主周文王的圣名后，便来到渭水河畔，假借垂钓之名来观望时局，希望能得到周文王的赏识，使自己的才华得以施展。

　　时间一年年地过去了，姜子牙的头发也由花白变成了全白，却仍然没有等到文王。他每天投竿抛饵，两膝跪踞的石头上，已磨出了两个浅浅的小坑。人们见他一直垂钓，却毫无收获，都劝他放弃，他却说："你们不懂其中的奥妙！"

　　有一天，姜子牙又在河边垂钓，从身后的大路上来了一辆马车。车后面跟着的人都很沮丧，其中有的人还哭哭啼啼，就连赶车的人也哭丧着脸。他问明原因后，方知车中躺着的人是这家的大公子，在出门拜师求学途中，突然昏迷不醒。找了几个郎中看了，都说是得了不治之症，让赶紧回家准备后事。

姜子牙用手撩起车帘看了一会儿，说："诸位不必悲伤，尽管放心，此人三日内必好。"当然没人会相信一个穷困潦倒、闲极无聊的钓鱼老头说的话是真的。几天后，姜子牙又在钓鱼，从城中出来一伙人马，直奔他而来。到了他钓鱼的地方，从车里走出一个英俊青年，然后对着姜子牙叩头便拜，嘴里不停说他是自己的救命恩人，一定要拜姜子牙为师。

原来，这个青年就是前几天躺在车里的人。他的父亲是当朝重臣，正在辅佐周文王治理国家。此时，他要把姜子牙请回家中当老师，并许以重金，还想认姜子牙为义父，但都被姜子牙婉言谢绝了。

又有一天，姜子牙依然在钓鱼时，从大路上走过来两个人，每人牵着一匹高头大马，武将打扮，正值中午，马要饮水，人要洗脸。姜子牙看了一眼其中一人的面相，长长地叹了一口气，说："老朽看你印堂发黑，有赤脉贯瞳，如果现在回去马上救治还来得及；否则你七日内必死。"谁知道这两人冲着姜子牙哈哈大笑了一阵，说姜子牙是疯老头，说完后毫不在意地扬长而去。

原来，这两个人正是周文王属下负责守城的副将，其中一个人第五天突然暴病而亡（用现代面相术语说，"赤脉贯瞳"是人的眼球突然出现大量血丝，说话时语言略有颠倒和迟钝，行走时步伐不稳，视力有双影出现。这是患脑溢血的前兆。其人暴病而亡，很可能是患脑溢血而死）。

"渭水河边有个钓鱼的穷老头能断人生死，百发百中。"这件事在城里一下子就传开了，姜子牙名声大噪。同时，这些话也传到了周文王的耳朵里。"一个钓鱼算卦的穷老头，对国家能有什么用呢？"周文王并没有放在心上。

日子就这样一天天地过着，姜子牙依然天天在渭水河边钓鱼。

一天，周文王打算出去打猎，占卜的结果说："出猎所获不是龙也不是貔，不是虎也不是熊，而是能够辅佐你成就霸业的人才。"

周文王又回想起梦中先人说过的话，"圣人出现之日，就是周振兴之时"，于是满心欢喜地外出打猎，不经意间就来到了渭水之滨。

幽静的林间传来了阵阵马的嘶鸣，喧哗的人声也由远而近。姜子牙看见一个王者打扮的人向这边走来。

周文王见这位垂钓老者一副超然物外的神情，便上前与他交谈起来。姜子牙不失时机地告诉文王自己的身世，两人谈得非常投机。让周文王惊讶的是，一个天天以钓鱼为乐的穷老头，对天下大事以及国家的武攻文治知道得如此清楚，知识又如此如此渊博，而且观点新颖见解独到。他还发现这个钓鱼的穷老头对五行数术及用兵之法皆有很深的造诣。

求贤若渴的周文王从姜子牙睿智、机敏的谈吐中发现，此人正是自己所要寻访的大贤。他高兴地感叹："我的先祖太公，早就寄希望于您啦！"于是，周文王就用最隆重的礼节款待他，并把他让上自己坐的马车。

可是，这个穷老头不识抬举，看到周文王这么尊重他，他反倒摆起谱来。周文王坐的马车他不但不上，还非得让周文王亲自背着他回城。当时，天下可是没有第二个人能坐上周文王的车，让他坐在车里文王亲自为他赶车还不行，这已经是天下最隆重的礼遇了，除姜子牙外，天下还没有第二个人能遇到这样的礼遇。

这可难为了周文王：不背吧，国家朝廷求贤若渴，正是用人才的时候，不能失去这样难得的人才；背吧，面子又不好看，自古以来哪有国君背臣民的？但为了国家兴旺就不要考虑个人面子了，想到这，周文王真的背起姜子牙向城中走去。

走了一小段的路程后，周文王累得满头大汗，气喘吁吁，趴在周文王背上的姜子牙似乎一点儿也不知体谅别人，看到把文王累成这样，嘴里却总是说："再多走几步……"周文王实在走不动了，就把姜子牙放了下来。

周文王这时累得也顾不上国君的面子了，坐在地上满脸流汗，姜子牙看着累得汗流满面的周文王，笑着对他说："你一共背我走了294步，我要保你大周江山294年，一步一年呀！"说完，他又哈哈大笑起来。

文王听姜子牙这么一说，立刻来了精神，也不感觉累了，一骨碌就爬起来拽过姜子牙还要背。这时姜子牙笑着说："再背就不灵了，就294年吧，我们坐车回城。"

后来，姜子牙又辅佐文王之子武王灭掉了商纣王，武王尊他为军师和先生。

■心灵物语

　　姜子牙为辅佐文王，一心直钩钓天下。而文王也求贤若渴，为能使国家兴旺，不顾个人面子，甘愿背姜子牙行走，这在当时可是非常人之礼，文王却能尊重老师，尊重人才。

　　姜太公是齐国的缔造者，是周文王倾商武王克殷的首席谋划者、最高军事统帅与西周的开国元勋，齐文化的创始人，亦是中国古代的一位影响久远的杰出韬略家、军事家与政治家。历代典籍都正视他的历史地位，儒、道、法、兵、纵横诸家皆追他为本家人物，被尊为"百家宗师"。

■史海钩沉

姜太公祠

　　姜太公祠位于山东省临淄永流镇张家庄的太公衣冠冢北侧。公元前11世纪，姜子牙受封于齐，为齐国的第一代国君。他在任期间，"通商工之业，便渔盐之利，人民多归齐，齐为大国。"死后葬于周。齐人思其德，葬衣冠于此。

　　衣冠冢墓高28米，南北长50米，东西宽55米。1993年，临淄区在太公衣冠冢北侧建姜太公祠，建筑面积98平方米，主殿为歇山式挂廊配殿，各三楹，现为名人书画展厅。

■文苑荟萃

姜元帅赞

（明）许仲琳

六韬留下成王业，妙算玄机不可穷。
出将入相千秋业，伐罪吊民万古功。
运筹帷幄欺风后，燮理阴阳压老彭。
亘古军师为第一，声名直并泰山隆。

 # 秦始皇敬重恩师

秦始皇（公元前259—前210年），秦庄襄王之子，杰出的政治家、军事统帅。战国末期秦国君主，首位完成中国统一的秦王朝的开国皇帝，又称秦始皇帝。嬴姓，赵氏，名政（正），先秦时期男子称氏不称姓，故称之赵政（赵正）、秦王政为妥，但后世多称之为嬴政。秦始皇是中国历史上第一个使用"皇帝"称号的君主，对中国和世界的历史均产生了深远而重大的影响，被明代思想家李贽誉为"千古一帝"。

在一片刚刚收获过的田地里，一位老夫子领着十来个孩子拣谷穗。老夫子是孩子们的老师，他告诉孩子们种粮食的艰难，爱惜粮食的重要；他还告诉孩子们，拣到的谷穗存放在一起，等地的主人来了，交还给他。

老夫子年纪大了，视力又不好，孩子们常常背着他淘气。一个孩子趁老师不注意偷偷跑到山上，摘了一兜酸枣，回来后分给伙伴们吃时，被老师发现了。老师罚他站在地头，他站在地头仍不规矩，满地追蚂蚱。

这时一头小毛驴驮了两捆荆条从地边过。小毛驴路过老师身边，老师叫住赶驴的小伙子，问这些荆条是从哪里砍的。驴背上驮的荆条棵棵都有手指粗，立起来有一人高，尖上还挂着碧绿的叶子。

小伙子叫住小毛驴，自己坐在土埂上歇息，对老师说，荆条是从靠近海滩礁石的一个长长的小岛上砍的，拿回去用来夹篱笆。

这时，孩子们也都围拢过来，七嘴八舌地议论着，这个说曾经去过那长长的小岛；那个不示弱地说，已经上岛好几次了。

老师把孩子们拦到身后，试探地问小伙子："这荆条能给我一根吗？出点儿钱也可以。"

小伙子不马上回答，反问："我看，您是这帮孩子的老师吧？"

"是的，是的。"老师点着头。

"不用说一根，您需要一捆，我也舍得给。"然后向老师面前凑凑说："跟您说吧，我特别羡慕有知识的人，只可惜我家里贫穷，说不定以后有什么写字、写文章的事都要向您请教哩。"

老师痛快地说："完全可以。"说着从荆条捆里抽出一根。

从此，老师有了"武器"。教学生认字时，可以用这荆条指读；哪个学生不听话，可以用这荆条打手掌、打屁股。

后来，来了个叫嬴政的学生，给老师带来些麻烦。一开始，老师要一个个地教学生写自己的名字，偏偏"嬴政"这么难写。他把字拆开教孩子记，说："记住'亡、口、月、女、凡'上摞俩，下排仁。"老师反复教他读，帮他记。

第二天，老师让嬴政写，他把字写错了，而且要往家跑，说是让爸爸重给他起名字。

老师一听就生气了，连个字都不肯用心学，遇到困难就退缩，将来怎么能干成大事业！他一把拉过嬴政，抓过他的手，在手掌上重重打了三下；又让他趴在凳子上，在屁股上打了三下。

聪明人不是不挨打，不受批评，而是挨了打、受到批评之后能找到自己存在的问题，得到教训。

嬴政挨了打之后，立刻醒悟了，学知识不能怕苦、怕累。当他懂得了这个道理之后，学习成绩很快就上去了，老师也越来越喜欢他，他对老师也更加尊敬了。

他见老师年纪大了，行走不便，每次老师要去什么地方，他总站到老师身边，让老师扶着他走；见老师视力不好，在给同学们上课时，看书很吃力，就把课本上的字用毛笔抄下来，让老师用。由于他学习用功，字越写越好，经他抄的书，老师也非常愿意用。

后来，老师去世了，嬴政也当了秦国的皇帝。

嬴政每次路过海滩礁石，总要登上那长长的小岛，看看那些生长茂盛的荆条；每当金秋季节来到小岛时，他总要面对荆条，双腿跪下，沉思很长时间。

他的官员、随从谁也不知道这位国君为何面对小岛下跪，不知他为什么对荆条如此深情，谁也不敢问。于是只得跟随皇帝，他站，他们也站；他跪，他们也跪。

等秦始皇起来，李斯才问为何参拜？秦始皇深情地说："众位爱卿，此岛所生荆条，正是朕在邯郸时老师所用的荆条，见了这荆条，如见恩师，焉能不拜？"

众人无不赞佩。于是后人把这个岛改称为秦皇岛。

■心灵物语

嬴政每次路过海滩礁石，便要面向盛产荆条的小岛下跪参拜，原来是因为想起了自己的恩师。叩拜荆条，亦犹如叩拜自己的老师，犹见秦始皇对老师的尊重之情。

■史海钩沉

秦始皇泰山封禅

公元前219年，秦始皇率领文武大臣及儒生博士等70余人，前往山东泰山去举行封禅大典。

在古代，封禅为统治者祭告天地的一种仪式。所谓"封"，就是指筑土坛祭天；所谓"禅"，就是指祭地，也就是在泰山下的小山的平地上祭地。

由于长期不举行这类活动，大臣们都不知道仪式应该如何进行，于是

秦始皇就把儒生招来询问，儒生们也是众说纷纭。秦始皇听后，觉得儒生的说法都难以实施，便斥退儒生，按照自己的想法开辟车道，到泰山顶上立了碑，举行封礼。之后，他又到附近的梁父山行了禅礼。

■文苑荟萃

秦始皇进行文字改革

春秋战国时期，兵器、陶文、帛书、简书等民间文字都存在着区域性的差异。这种状况也妨碍了各地经济、文化的交流与发展。因此，秦始皇统一中原后，便令李斯等人进行文字的整理、统一工作。

李斯以战国时期秦人通用的大篆为基础，吸取了齐鲁等地通行的蝌蚪文笔画简省的优势，创造出一种形体匀圆齐整、笔画简略的新文字，称为"秦篆"，又称"小篆"，作为秦朝官方的规范文字，同时又废除了其他异体字。

此外，当时一位名叫程邈的衙吏因犯罪被关入监狱。在监狱的 10 年时间里，他对当时的字体演变中已出现的一种变化（后世称为"隶变"）进行了总结。这一行为深受秦始皇的赏识，便将他释放出来，还提升其为御史，命其"定书"。他经过研究，制定出了一种新的字体，即"隶书"。隶书打破了古体汉字的传统，奠定了楷书的基础，提高了书写的效率。

 # 礼震才替师受刑

> 伏生（公元前260—前161年），名胜，字子贱。汉朝时邹平人。为伏羲的后裔，其近祖由淮阳陈国迁到鲁国（今山东南部的济南）。原来是秦国的博士，世称"伏生"。文帝时求能治《尚书》者，伏生是时九十余岁，老不能行，文帝便遣太常事史掌故晁错前往求教，得28篇即是今之传世的《尚书》。

欧阳歙是西汉初年著名的学者，其先祖为欧阳生。

秦王嬴政统一六国后，建立起专制主义的中央集权政治制度。为了钳制人们的思想，曾焚书坑儒。博士伏生冒杀头之祸，把《尚书》保存了下来，并把《尚书》又传给了欧阳生。

欧阳生把《尚书》传给他的子孙。传到第八代是欧阳歙，并形成了欧阳"尚书派"。由于这一派是得到伏生的真传，在社会上很有地位，拜欧阳歙为师的有千人之多。

欧阳歙学识渊博，为人忠厚老实，对学生则是呕心沥血，循循善诱，非常受学生的爱戴。但后来发生了一件不幸的事，欧阳歙获罪下了监狱。他的学生听说了，纷纷到洛阳皇宫门前请愿，有时多达千人。可是朝廷对此不闻、不问、不放。

当时，平原郡有个青年，名叫礼震才。当他听说老师被判处了死刑后，非常难过，连夜赶赴京师。走到半途，他就让人用绳子把自己捆起来，托人把他送到洛阳监狱，坚决要求自己替老师受刑。监狱看守说：

"古今中外还没见过这种事,我们不敢做主。"

听了看守的话,礼震才就给皇帝上书,要求替师受刑。他的奏稿中写道:"我的老师欧阳歙是学界宗师,世传八代博士。他的儿子年纪尚小,还不能继承欧阳博士的学业。博士死后,《欧阳尚书》将失传。如果这样,陛下岂不是背上了杀戮贤臣的罪名,而学界从此也将失去最好的导师,这将是学臣无法弥补的损失。我恳请陛下能允许我顶替欧阳老师的死罪……"

可惜表章呈上后,待批期间,欧阳歙就病死在狱中了。而礼震才坚决要求替师受刑的行为,却传为千古佳话。

■心灵物语

敬师有很多的方式,而替师受刑是古来未有之事。礼震才甘愿要求替师受刑,即使老师病逝之后,也依然不改初衷。可见他对老师的敬重程度之高,以及老师在他心中的重要地位。

■史海钩沉

《今文尚书》八世博士

所谓的"八世博士",指的是随伏生传授《尚书》的弟子欧阳生,以及他以下的欧阳高、欧阳地余、欧阳政、欧阳歙等八代子孙。

汉朝初定,汉武帝便采用董仲舒的建议,"罢黜百家,独尊儒术"。到了孝文帝时,听说故秦博士伏生治《尚书》,便派晁错去求教。此时伏生已经90多岁了,口齿不清,不能征用。只有广饶县(时称千乘郡千乘县)的欧阳生是伏生的嫡传弟子,便授其博士。

欧阳生将《尚书》教授给同乡的倪宽,倪宽又反授给欧阳生的儿子。这样世代相传,至欧阳生的曾孙欧阳高时,欧阳高又传给其子欧阳阳,欧阳阳传给其子欧阳地余,欧阳地余传给其子欧阳政,欧阳政传给其子欧阳歙。由是欧阳八世都被任命为博士,并由此世传"欧阳氏《尚书》学",即

《今文尚书》。

其中，欧阳地余在汉元帝时官至少府，欧阳政在王莽时官至讲学大夫，欧阳歙在汉光武帝时官至河南尹、封鄱阳侯，建武六年（30年）又拜扬州牧，迁汝南太守；九年（33年）更封夜侯；十六年（40年）征为大司徒。

欧阳八博士墓在今山东省广饶县城西南6里的塚头村有六座，在小张村有两座，与倪宽塚犄角相望，都为省级文物保护单位。

■文苑荟萃

《尚书》

《尚书》又称《书》《书经》，是一部多体裁的文献汇编，也是我国现存最早的史书之一，分为《虞书》《夏书》《商书》《周书》。

战国时期，《尚书》的总称为《书》，汉代时才改称为《尚书》，即"上古之书"的意思。由于是儒家的五经之一，故而又称《书经》。

现存版本中真伪参半。一般认为，《今文尚书》中《周书》的《牧誓》到《吕刑》十六篇是西周的真实史料，《文侯之命》《费誓》和《秦誓》为春秋的史料，而所述内容较早的《尧典》《皋陶谟》《禹贡》反而是战国编写的古史资料。

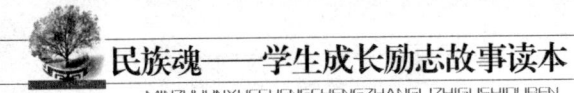

 # 汉明帝对师恭敬

桓荣（？—约59年），字春卿，沛郡龙亢（今安徽省怀远县西龙亢镇北）人，东汉经学大师。

东汉时期，汉明帝刘胜十分尊敬老师。当刘胜还是太子时，光武帝便为他选定一位名叫桓荣的老师，为刘胜讲解经义，并封他为太子少傅。

当时，贵为太子的刘胜对老师非常讲究礼仪，每次都恭恭敬敬地听从老师的教诲，虚心学习，刻苦攻读。几年之后，刘胜便成为当时出色的经学家，并早成大器，即位当上了皇帝。

不过，刘胜并未因自己当了皇帝就骄横起来，相反，他对老师依然毕恭毕敬。由于老师桓荣年迈，他便免去了老师上朝奏事的礼节，让桓荣在家休养，并经常带着大臣们去桓荣家里听课。

那时在繁华的洛阳城内，经常出现这样的景象：宽敞的街道上，行人和车辆纷纷闪出一条路，然后有一辆高大、宽敞、华丽的彩色马车从中直驱而过，车后又跟着一支长长的队伍，浩浩荡荡地向桓荣家驶去。老百姓对圣驾都投以尊敬、钦佩的目光，纷纷赞叹：自古以来，还没有遇到这种亲自驱车到老师家求学的皇帝呢。

为了不惊动老师桓荣，每当马车临近桓荣家时，明帝都下令停车，然后下车步行进入老师家的小巷。桓荣得知皇帝驾到，便赶紧整理好衣帽，到门外恭候，以行君臣之大礼，但汉明帝每次都是连连摆手说："岂敢，岂敢，请老师免礼。"然后亲自搀扶老师进入府中，让老师上座，并叫大臣们在桓荣面前摆设案几，让文武百官站在桓荣面前，以表对老师的尊敬与关心，然后自己则像小学生一样捧着经书，全神贯注地听桓荣老师讲课。

休息时，明帝还会亲自捧着在皇宫特意为老师做的点心，恭敬地送到老师面前，请桓荣品尝。讲课结束后，刘胜便带着文武百官向老师行礼告辞。

此外，明帝还经常为桓荣解决生活中的各种困难，为老师提供一切方便。

永和五年，桓荣身患重病，明帝多次去老师家中探望，每次来都是小步跑到老师的病床前，怀着沉痛的心情，诚恳耐心地安慰老师，祝愿老师早日康复，并叮嘱有关大臣经常到老师家帮助老师料理家事。

不久后，桓荣病故，明帝悲痛万分，不顾圣驾的尊严，不顾大臣的劝阻，脱下龙袍，穿上丧服，亲自到桓荣老师家为之吊孝送葬。同时，他还将周朝高士伯夷叔齐墓葬所在地首阳山的一块要地赏给桓荣作为墓地，并赞扬老师："桓荣老师的品德高尚，学识渊博，可以和古代贤人相媲美。"

■心灵物语

刘胜尊师，体现在各种细节之上。他免去礼节，每进入老师家所在的小巷都要步行，诚心诚意向老师请教。老师病逝，更是不顾君臣之礼，为老师吊孝送葬，足见其对于老师的敬仰与尊重。

■史海钩沉

金缕玉衣

金缕玉衣是我国汉代皇帝和贵族的殓服。1968年，在河北省保定市满城汉墓出土了两套金缕玉衣，形状如人体，各由两千多玉片用金丝编缀而

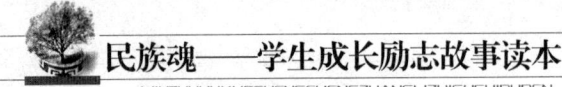

成。每块玉片的大小和形状都经过严密设计和精细加工，可见当时手工艺水平的高超程度。

由于身份等级不同，玉衣也有金缕、银缕、铜缕之分。金缕玉衣也是汉代规格最高的丧葬殓服，大致出现在西汉文景时期。据《西京杂志》记载，汉代帝王下葬都用"珠襦玉匣"，形如铠甲，用金丝连接。这种玉匣就是现在人们说的金缕玉衣。当时的人们非常迷信玉能让人的尸骨不腐烂，更是把玉作为一种高贵的礼器和身份的象征。

■文苑荟萃

长信宫灯

据考证，长信宫灯原为西汉时期的阳信侯刘揭所有。刘揭在汉文帝时受封，在景帝时被削爵，家产及此灯都被朝廷没收了，该灯也归了皇太后居所长信宫使用。后来，皇太后窦氏又把此灯赐给了本族裔亲窦绾。

长信宫灯作为宫廷和王府的专用品、礼品，可见它在当时是十分珍贵的。一直以来，长信宫灯都被认为是我国工艺美术品中的巅峰之作和民族工艺的重要代表。这不仅在于它独一无二、稀有珍贵，更在于它精美绝伦的制作工艺和巧妙独特的艺术构思。

长信宫灯通体鎏金，灯体是一位跽坐掌灯、优雅恬静的宫女，整体由头部、身躯、右臂、灯座、灯盘和灯罩六部分组成，各部均可拆卸。宫女着广袖内衣和长袍，左手持灯座，右臂高举与灯顶部相通，形成烟道。灯罩则由两片弧形板合拢而成，可以活动，用以调节灯光的亮度和方向。灯盘有一方鋬柄，内尚存朽木，座似豆形。器身共刻有铭文九处，共65字，分别记载了该灯的容量、重量及所属者。由于灯上刻有"长信"的字样，故名"长信宫灯"。

 # 魏昭屡拜郭林宗

郭泰（128—169年），字林宗，东汉太原郡介休（今属山西）人。在东汉末桓、灵二帝时期士人集团同宦官集团的激烈斗争中，郭泰是士人的著名代表和太学生的主要首领之一，他还以不愿就官府的征召而闻名于世。东汉著名学者、思想家及教育家，人称"有道先生"，为东汉太学生领袖。与春秋时晋国介子推以及宋朝宰相文彦博合称"介休三贤"。

东汉时期的郭泰熟读各家典籍，乃是远近闻名的大儒。在都城洛阳做官的魏昭，早在太学求学时，他就久闻郭泰的大名。尽管当时郭泰远在南阳，而自己在京城任职，但他毅然决定拜郭泰为师。

魏昭先请来方士，占卜一番，然后挑选了一个吉日，带上随从前往南阳拜师去了。

到了郭泰的府上，随从便问："请问郭大人在家吗？"

"郭大人近日身体不适，谢绝会客。"下人回答说。

"我们是从京城赶来，我家老爷就想面见郭大人一面，烦请你通报一声。"随从说道。

郭府家人随后前去通报。郭泰躺在病床上，听说京城来人，不免有些兴奋。

"请问来者为京城何人？"

"回老爷，乃为府尹魏昭大人。"

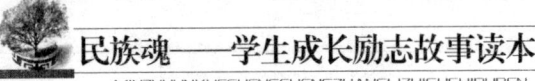
提起魏昭，郭泰并不陌生。当年在京城，魏昭是名声显赫的神童，据说他聪明绝顶，对所有诸子经典他都过目不忘，11岁时就入太学学习，15岁就被察举，被朝廷任命为官职。

尽管魏昭名气很大，可是郭泰还是决定要考验一下他的诚心。于是他故意说："不见，任何人我都不见！"

得到家仆的答复，魏昭的随从忍耐不住了，他们愤然地说道："老爷，一介草民，不足挂齿，老爷不必为此劳神！"

"此话差也。郭大人乃名震四海的儒者，你岂能在此贬低大人。我要在此等候，待大人病好后，自然会见我。"

魏昭和随从就在郭府门前等了三天。家仆通报给郭泰，郭泰为之动容。他请客人入府晋见，魏昭喜出望外。走进郭府内堂，只见这里典章成册，书香浓郁。

"在下听说郭大人熟读五车经书，十分景仰，特地前来拜大人为师。"

"岂敢岂敢，郭某才疏学浅，对典籍仅略知一二。鄙人尽能教授皮毛，还请魏府尹包涵。"

"多谢恩师！"魏昭和随从连鞠三躬。

当时，郭泰正重病在身，终日与中药为伴。为了考验魏昭的诚心，郭泰又给魏昭出了道难题。在进入郭府的四五天，郭泰还没有给魏昭教授过一次。

一日深夜，郭泰咳嗽不止，下人即来为他熬药。这时，郭泰拦住下人，大声说道："不，让魏府尹来！"

魏昭赶快接过药罐为老师熬药。

熬好后，魏昭恭恭敬敬地把药汤递给老师："老师，请服药。"

"太烫了，端下去重熬！"

魏昭二话没说，又熬了一遍。

"太苦啦，重熬！"郭泰脸色乌黑。

魏昭的随从又忍不住了："老爷，不要再求学了。此人过分之极，我等应立刻返回京城！"

"休得胡言！"魏昭第三次熬了药，毕恭毕敬地端到了老师的面前。这次，郭泰真的被感动了。

"魏府尹，以往众多求学者，他们求学之心并不真诚，所以他们敷衍我，仅仅想投有名声罢了。可是，今日与君相见，才知君诚心一片。鄙人愿意为君之师，教授先秦诸子经典。"

不久，郭泰便正式收魏昭为徒，把自己的所有学识全教给了他……

□心灵物语

魏昭拜郭林宗为师，先是在门外等候三天，后又为郭林宗熬药三次，不厌其烦。从这些事中可以看出魏昭对于求学的认真程度，更能了解到魏昭对于老师的无限敬仰和尊重，让我们在尊敬师长方面受到了很好的启发。

□史海钩沉

郭泰受李膺青睐

有一年，郭泰初到京师洛阳，便经陈留名士符融的介绍，前往拜访河南尹李膺。

李膺，字元礼，在当时是一位声望很高的人。因为他生性耿直，不喜交接，为官"风裁峻整"，力反宦官专政，故而被京师太学生标榜为"天下楷模李元礼"，时人都极难与之接近。

符融将郭泰引见给李膺，称郭泰是"海之明珠，未耀其光；鸟之凤凰，羽仪未翔"。李膺接见郭泰后，也非常欣赏郭泰的人品和才学，便以师友之礼相待。他感慨万分地说：读书人我见多了，可是，"未有如郭林宗者"。以李膺当时的身份和影响力，竟然这样青睐郭泰，京中众儒对郭泰当然更是刮目相看了，于是郭泰顿时名震京师，成为当时的知名人物。

后来，郭泰在离开洛阳返回太原时，赶来为他送行的车辆竟然达到上千乘之多。

云敞仗义冒死葬师

王莽（公元前45—23年），字巨君。汉元帝皇后之侄，新朝建立者，8—23年在位。魏郡元城（今河北大名县东）人，祖居东平陵（今山东济南东），汉族。西汉哀帝自元寿二年六月（公元前1年）去世后，9岁的汉平帝即位，元后临朝称制，以王莽为辅政大臣，出任大司马，封"安汉公"。至9年元旦，篡位称帝，登基成为一朝开国君主，改国号为"新"，年号"始建国"。直至23年赤眉绿林军攻入长安被杀，在位15年，死时69岁。

汉代时期，有个名叫云敞的人，他是平陵人，师从一代名儒吴章学习儒学，对老师非常尊敬。吴章是《尚书经》的博士，追随他求学的学生多达1000余人。

西汉末年，王莽专政，引起了全国上下的不满。他横征暴敛，刑罚严苛；他毒死了汉平帝，自称帝王；他滥加封赏，又不断挑起对匈奴及东北西南各族的战争。因此，百姓对王莽的不满情绪日益高涨。王莽篡政后，便逼令汉朝皇帝的母亲及皇后家族都留在中山居住，不得回京师面见皇上。

王莽的长子王宇对父亲的做法深表不满，想到孔子所说的"为仁由己，而由人乎哉"，便决定挺身而出，仗义执言。他去向他的老师吴章求教，商讨如何才能够遏止父亲的种种恶行。

吴章认为，王莽此时怙恶不悛，一意孤行，而且又大权在握，是无法听进任何人规劝的。而他做事狠戾凶残，不循从道德良心做事，而且又喜欢装神弄鬼，对鬼神灵异的说法深信不疑，所以不如干脆就顺水推舟，搞一些鬼怪的神异事件来吓唬他。然后再套用一些歪理邪说，说明他已众叛亲离，天怒人怨，连上天都将要降下大祸于他，从而逼他退位，永绝后患。

王宇觉得这个办法不错，于是就派吕宽提着一桶血，在半夜三更四下无人时把血水泼洒在王莽的大门上，仿佛是鬼神留下的诰谕，希望他迷途知返，不要再滥杀无辜。

然而，吕宽在行动时被守夜的门卫看到了，所以事情很快就败露了。大怒的王莽不仅亲手杀死了自己的儿子，还诛杀了皇后的娘家卫氏家族的族人，并借机铲除了异己。

在这次事变中，被无辜残害的人达100多人。身为儒林领袖，吴章为他常怀于心的道德节义，用生命的代价写下了最为重要的一笔。他威而不屈，坦然就义，最终被王莽下令施以酷刑。惨无人道的王莽命人将吴章的肢体一节节地割下，将其腰斩于东市门外。

孔子说："仁远乎哉？我欲仁，斯仁至矣。"读书人敢为天下先的志节，正是吴章对奉持一生的儒家之道所作出的美壮绝伦的注解。吴章是一代大儒，追随他的弟子上千人，王莽认为他们都是同伙的，要全都把他们禁锢关押起来，其中更不允许有任何人留在朝廷中做官。

为了躲避突如其来的横祸，也为了继续保有仕途上的光明前程，吴章的学生们开始在朝野中公然宣称自己不是吴章的学生，而早已师从其他人。当时，云敞官居大司徒掾，老师的惨死使他悲伤欲绝。每每想起老师深切的爱护和不倦的教导，那师徒如父子般至亲至爱的天伦之情，和老师那道义浩然的举手投足、一言一行，不停地在他的脑海中盘旋荡漾。老师终其一生守仁守义直到尽处，他笃行不怠的言传身教，永永远远地活在了学生的心中，纵使历经岁月流逝也永远不会消失。

云敞决心挺身而出，为老师谨守为人学生的一点儿微不足道的情义。当时，正值局势动荡的剑拔弩张之时，云敞一路哭号跪拜着来到老师的尸首前，肝肠欲碎。他大呼着自己就是吴章的学生，然后小心翼翼地将老师的尸首一块块包好，护在自己的怀中，举不成步地哭号着回去了。

云敞不畏惧天下的人都知道他是吴章的学生，也不畏惧自此后他就是冲在最前方的恶党与罪魁，只知道老师坚守仁义直到尽处，而他自己终身实践的正是老师最深切的教诲。云敞公然地按照师礼，把老师的尸首敛棺而葬。他悲切的哭声更是震惊了朝野，使整个京师的人都为之瞩目。

车骑将军王舜被云敞的义行深深感动了，他赞美云敞如同栾布一样有情有义，并推荐他为中郎谏大夫。而云敞则屡屡以生病为由，最终避隐在家，终老余生。

心灵物语

政治清明的时候，读书人可以振缨而仕；到了乱世之时，则可以抗足而去。孔子说："三军可夺帅也，匹夫不可夺志也。"读书人坚勇的志节，往往正是在力敌万夫的危难关头表现得甚为壮烈。云敞坚韧不屈，一直把为人应有的道义做到了极致，成为学生尊敬老师、忠义绝伦的典型模范。

史海钩沉

王莽改制的内容及其失败的原因

王莽利用外戚势力，于公元8年登上了皇帝的宝座。根据"更受命"的原则，王莽改国号为"新"。

为缓和当时尖锐的阶级矛盾，王莽在第二年便下诏进行大规模的改革，历史上称之为"托古改制"。

王莽改制的主要内容主要有六项：

一、"更名天下田曰王田"，私人不得买卖，用恢复井田制的办法来解决土地问题。

二、改奴婢为"私属"，亦不得买卖。

三、实行"五均六莞"，即在国都长安及五大城市设立五均官，政府管理五均赊贷及管理物价，征收商税，由政府经营盐、铁、酒、铸钱和征收山泽税。

四、改革币制。

五、改革中央机构，调整郡、县划分，改易官名、地名。

六、改变少数民族族名和首领的封号。

■文苑荟萃

王莽天下面赋

（现代）苍山牧云

昔有汉大司马王莽，烩四海之珍馐以鼎烹制，贿赂九州豪杰，而能面南称孤道寡有天下者，面也！今王之苗裔、止仕而商，继承祖业。煮三江、待五湖，饱士卒而后能赴社稷者，亦面也！兼有闻九流食客云散华夏，待朕题壁诏之，时丁亥年春。

夫王莽天下面，于亲于情有盐同咸，于谊于友无盐同淡；挑而观之曰：茎茎分明，根根离判；汤鲜羹细，味美绵延；得闻无量寿，食者可化仙；好吃嘴奔走相告，饕餮鬼久已馋涎；此天厨之御宝，实瑶台之仙品；一品之佳肴，上乘之美味者，非尘世所有也！

遑论锅底油钵，百味之首脑；煎炒炖炸，江湖之经典；蒸煮干煸，红尘之巧技；煲煨焖爆，世间之恩宴；草莽英雄谋稻粮果腹之徒，庙堂将相待鸣钟鼎食之辈，犹有大德大贤之逸隐、仙风道骨之长衫，驱云驾鹤，遁迹前来。一时间，才子佳人醉酒，仙翁剑客贪杯；优伶馆姬起舞，文人骚客吟唱；斯蓬莱胜境之景色，非人间所能荟萃也！

曹植拜师一片赤诚

曹植（192—232年），字子建，沛国谯县（今安徽省亳州市）人。三国时期曹魏诗人、文学家，建安文学的代表人物。魏武帝曹操之子，魏文帝曹丕之弟，生前曾为陈王，去世后谥号"思"，因此又称陈思王。后人因他文学上的造诣而将他与曹操、曹丕合称为"三曹"，南朝宋文学家谢灵运更有"天下才有一石，曹子建独占八斗"的评价。

　　邯郸淳是曹操专门请来教儿子的老师。他曾经教过曹丕。这孩子听话、懂事而且聪明，为此他打消了辞教的念头。因为他看到了孩子的进步，看到了自己的劳动得到了应有的收获。

　　曹丕已经学成，下面的任务是教曹丕的弟弟曹植。当初在给曹丕上课期间，闲谈中说起曹植，哥哥说他淘气过人，聪明也过人，还常给老师介绍弟弟在家淘气、聪明的件件事例。

　　邯郸淳听后，对曹植有了一定认识，一方面觉得他可爱，另一方面怕他顽皮不听从教导。

　　邯郸淳预料今后曹植也是自己的学生，所以总想见见他，可是始终没见到。他曾几次去曹家，都赶上曹植不在家，曹操又不允许不上学的孩子随便进入书房，因此至今不知这位曹植什么模样。

　　按照曹操的安排，今天是曹植入学的日子。

　　邯郸淳老师早早坐在书房，等待着学生曹植来上课。可是时间过去

好久，曹植也没有来。

老师等急了，派人去找，没找到，又派人去找，还没找到，只得派曹植的二哥曹丕找，曹丕也没找到曹植。

邯郸老师不住地摇头、叹气："看来曹植大不如他的哥哥曹丕。"他使劲儿摇动着羽扇，极力想镇定镇定早已烦恼的心情。

远处依稀有了脚步声。脚步声进了书房，老师见到了一个奇特的孩子。

这是个鲜灵灵的孩子。他面带微笑，向老师作个揖之后，开始有节奏地击掌、踢腿。老师看出，这孩子在跳当时流行的舞蹈。这孩子跳得那样洒脱，那样娴熟，那样活泼。如果没有良好的素质，没有平时严格的训练，是绝跳不成这个样儿的。

一套舞蹈结束了，孩子跳得面部微红。他向老师又作个揖之后，从墙上取下宝剑，拔出剑来，在老师面前舞动起来。宝剑在这孩子手中忽上忽下，忽左忽右，时缓时急，银光闪闪。

老师看呆了，直到孩子舞剑完毕，又向老师作个揖，他才如梦初醒，发出赞叹声，同时鼓起了掌。

孩子主动在老师旁边的椅子上坐下，喘息了一会儿，轻轻咳嗽一声，开始背诵一篇古文。

他口齿清楚，声音圆润，十分流畅。千多字的文章，竟无一处停顿、差错。背诵之后，孩子站起身，向老师深鞠了个躬，说："我当您的学生，合格吗？"

"你是……"不等老师问完，孩子又作个揖："学生曹植，特来拜师。"

老师不由站起身，爱抚地摸着曹植的头，说："唔，你原来是曹植。好，太好了，我愿当你的老师。"

一听这话，曹植鞠了个躬，跑回去换了衣服，重新回到书房。在老师面前站着，又变成了规矩的小学生。

曹植坐在老师下面的椅子上，开始专心听老师讲课。讲完课，老师才问清楚，为什么曹植采用那样的见面礼。

原来，曹植洗澡、用香粉洒身是为了给老师一个清洁芳香的身体，

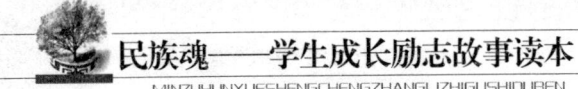

接受老师教育；赤膊，披散头发，是表示自己向老师学习时的一片赤诚；而跳舞、舞剑和背诵，是为让老师鉴定一下自己的基础、水平。

曹植以后的学习也像他与老师见面时表演的一样，认真、严肃，后来成为三国时期著名诗人。

■心灵物语

曹植尊师，讲究严肃认真，以清洁自身、芳香满溢，表达对于老师的一片赤诚之心和敬仰之情。

■史海钩沉

曹植之死

曹丕登上魏王位后，是为魏文帝。随后，他便将曹植的党羽统统都杀了，曹植和各诸侯全都返回了自己的封国。

黄初二年，监国谒者灌均迎合文帝的意旨，奏报"曹植喝醉酒后傲慢无礼，威胁使者"。主管官员请求治曹植的罪，文帝因太后的缘故，将曹植降爵为安乡侯。同年，又改封鄄城侯。黄初三年，立为鄄城王，食邑2500户。黄初四年，又改封曹植为雍丘王。

曹植曾先后几次上书给魏文帝，向其认错服软，想再有所作为。而每次文帝都是虚词敷衍。太和五年，曹植又上疏请求问候亲属，表达他的心意。这年冬天，文帝就诏令各王在太和六年正月到京城朝见。同年二月，将陈地四县封曹植为陈王，食邑3500户。

曹植常请求面见文帝单独叙谈，议论当时的政事，希望有幸被任用，但始终不被重视。返回封国后，曹植心中惆怅绝望。当时的法制对藩国十分严厉，属官也都是鄙俗无才的人，供给的士兵仅限残疾老弱，数量最多不超过200人。又因曹植以前犯有过失，各方面又减去一半。十一年间，曹植三次迁徙封国，因而常常闷闷不乐，不久就发病去世了，时年仅41岁。

■ 文苑荟萃

九愁赋

（三国）曹　植

嗟离思之难忘，心惨毒而含哀。践南巘之末境，越引领之徘徊。
眷浮云以太息，顾攀登而无阶。匪徇荣而愉乐，信旧都之可怀。
恨时王之谬听，受奸枉之虚词。扬天威以临下，忽放臣而不疑。
登高陵而反顾，心怀愁而荒悴。念先宠之既隆，哀后施之不遂。
虽危亡之不豫，亮无远君之心。刘桂兰而秣马，舍余车于西林。
愿接冀于归鸿，嗟高飞而莫攀。因流景而寄言，响一绝而不还。
伤时俗之趋险，独怅望而长愁。感龙鸾而匿迹。如吾身之不留。
窜江介之旷野，独渺渺而泛舟。思旅客之可悲，愍予身之翩翔。
岂天监之孔明，将时运之无常！谓内思而自策，算乃昔之愆殃。
以忠言而见黜，信毋负于时王。俗参差而不齐，岂毁誉之可同。
竞昏瞀以营私，害予身之奉公。共朋党而妒贤，俾予济乎长江。
嗟大化之移易，悲性命之攸遭。愁慊慊而继怀，怛惨惨而情挽。
旷年载而不回，长去君兮悠远。御飞龙之蜿蜒，扬翠霓之华旌。
绝紫霄而高鹜，飘弭节于天庭。披轻云而下观，览九土之殊形。
顾南郢之邦壤，咸芜秽而倚倾。骖盘桓而思服，仰御骧以悲鸣。
纡予袂而长涕，仆夫感以失声。履先王之正路，岂淫径之可遵！
知犯君之招咎，耻干媚而求亲。顾旋复之无轨，长自弃于遐滨。
与麋鹿以为群，宿林薮之威蕤。野萧条而极望，旷千里而无人。
民生期于必死，何自苦以终身！宁作清水之沉泥，不为浊路之飞尘。
践蹊隧之危阻，登岩峣之高岑。见失群之离兽，觌偏栖之孤禽。
怀愤激以切痛，苦回忍之在心。愁戚戚其无为，游绿林而逍遥。
临白水以悲啸，猿惊听而失条。亮无怨而弃逐，乃余行之所招。

石勒尊师重教

> 石勒（274—333年），即后赵明帝。字世龙，原名匍勒。上党郡武乡县（今山西榆社北）人，羯族。十六国时期（西晋灭亡到北魏统一华北期间的时期，当时南方则为东晋时期）后赵建立者。319—333年在位，他是从奴隶到皇帝整个世界历史上的唯一一人。

晋元帝即位的第二年，匈奴的汉国国主刘聪病死，汉国内部发生了分裂。大将石勒趁机在反晋战争中扩大自己的势力，自称为赵王。

石勒是羯族人，家族世代都是部落的小头目。年轻时，并州地方闹饥荒，他与部落失散了，曾给人家做过奴隶、佣人。

有一次，石勒被乱兵抓住，关在囚车里。正好车旁有一群野鹿跑过，乱兵们纷纷去追捕群鹿了，他才趁机逃走。

石勒受尽艰难，找不到出路，便召集一群流亡的农民，组织了一支强悍的队伍。刘渊起兵后，他投降了汉朝，在刘渊的部下当了一员大将。他不识字，但从小受过汉族文化的教育。任大将后，石勒也渐渐懂得，要想成大业，光靠武力是不行的。于是，他拜了一个汉族士人张宾为师，学习了许多治国措施，还收留了一大批北方汉族中的贫苦读书人，组织了一个"君子营"，虚心向他们求教。由于他骁勇善战，加上有张宾等一大批谋士、老师帮他出谋献策，他的势力日益强大。两年后，石勒在襄国自称皇帝，改国号为后赵。

石勒自己没文化，却十分重视读书人和尊重教书的先生。当了皇帝后，他命令部下，凡遇到读书人和有学问的先生，一定要请到襄国来。他采纳了张宾等人的意见，设立学校，要他部下将领的子弟进学校读书。他还建立了保举和考试的制度，招贤纳士，凡是各地保送上来的人经过评定，合格的就选用为官。

石勒特别喜欢读书，他自己不识字，就请一些读书人和老师把书讲给他听。他一边听，一边认真思索，没有一点儿架子，还随时发表自己的见解。

有一次，石勒让人给他读《汉书》，当听到有人劝汉高祖刘邦封旧六国贵族的后代的历史时，他说："刘邦采取这种错误做法，怎能得天下呢？"讲书人马上给他解释："后来由于张良的劝阻，汉高祖并没有这样做。"石勒点点头说："这才对啦！"

由于石勒重用人才，尊师好学，在政治上比较开明，后赵初期则出现了兴盛的景象。

■心灵物语

石勒虽然没有文化，但对于人才的重用和对于教学的重视，足以看出他是一个尊师好学、重视教育的典范，他也深知要想成就一番大业，不学习、不重视教育是不行的道理。

■史海钩沉

石勒读书有见解

有一次，石勒举行宴会招待大臣。在宴席上，石勒问一个大臣，说："你看我可以比得上古代什么样的帝王？"

大臣吹捧他说："陛下英明神武，比汉高祖还强，别人更不用比了。"

石勒笑了笑，说："你说得太过分了。我要是遇到汉高祖，只能做他的臣下，大概跟韩信、彭越差不多。要是我生在汉光武帝那个时候，倒可以和他并驾齐驱，还说不定谁胜谁负呢！"

■文苑荟萃

咏史诗·豫州

（唐）胡　曾

策马行行到豫州，祖生寂寞水空流。

当时更有三年寿，石勒寻为关下囚。

 # 苻坚尊八十老妇为师

苻坚（338—385年），字永固，又字文玉，小名坚头。氏族人。苻雄之子，前秦开国君主苻洪之孙，苻健之侄。略阳郡临渭县（今甘肃秦安东南）人。其祖先世代为西戎酋长。在后赵石虎进攻关中时，苻洪率族归服，并迁徙到现在的河北临漳一带。后又投靠东晋，被任为征北大将军，不久自称秦王。苻洪死后，其子苻健在351年入关中，次年称帝，建都长安。苻健是苻坚的伯父。苻坚的父亲苻雄因辅佐长兄创业有功，被封为东海王。苻雄死后，苻坚袭爵。前期励精图治，基本统一北方，但在伐晋的"淝水之战"中大败，一蹶不振，后国破被杀。

十六国时期，有一位80岁的老妇人宋氏，被前秦统治者苻坚授以"宣文君"的封号，以表彰她立讲堂收生徒讲授《周官》的盛事。这在中国古代封建社会中是不多见的。

宋氏出身于儒学世家，史书上说她"不知何郡人也"，但从她的活动轨迹推断，可能是关中地区人。她幼年丧母，与父亲相依为命，由父亲亲自抚养教育。她的"家世以儒学称"，是一个世代经学的家庭。宋氏稍长以后，父亲便给她讲授《周官》音义。这是宋家的传世之学。《周官》，或称为《周官经》，汉代被列为儒家经典，是三礼之一，故又被称为《周礼》，它主要记载周代的官制和礼仪制度。父亲对她说："吾家世学《周官》，传业相继，此又周公所制，经纪典诰，百官品物，备

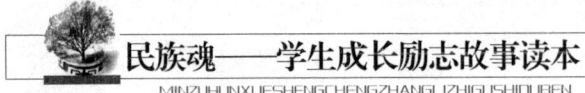

于此矣。吾今无男可传，汝可受之，勿令绝世。"

原来在汉晋时期，儒家经典主要通过面传、口授而世代相传，有的经师在学校中传授子弟，子弟再传子弟，形成一个门派；有的经师子孙相承，形成一门家学。宋氏家族就以《周官》世代相传，成为自己的家学。在封建社会中，这种家学一般由男子继承，宋氏因为没有男嗣，只有孤女一人，所以父亲就把这门学问传给了她。宋氏的聪明才智一点儿也不比男孩子差，加以她非常勤奋刻苦，所以很好地继承了父辈的学问。

当时正值十六国时期，匈奴、鲜卑、羯、氐、羌等少数民族在中原地区展开了长期的混战，纷纷建立政权，史称"五胡乱华"。就是在这种"天下丧乱"之中，宋氏仍然坚持学习，"讽诵不辍"。宋氏成人以后嫁给韦氏男子为妻，生下一子名韦逞。不久，韦氏一家便被后赵的"石季龙徙之于山东"。319年，羯族首领石勒在关东地区的襄国（今河北邢台市）建立后赵，派其侄石季龙征伐四方。关中地区亦陷为赵境。石季龙曾不断把关中人民强迫迁往关东，其中以333年的一次规模最大，这年石季龙"徙雍、秦州华戎十余万户于关东"。韦氏一家大概就在这时被迫迁往关东的。这时她的父亲已经去世，父亲将祖传的《周官》和有关资料都交给了她，她视如珍宝，在迁徙途中与丈夫一起推着鹿车（一种人力推挽的小车）"背负父所授书"，格外精心地保护。好不容易来到冀州，投奔胶东富人程安寿家中，程安寿时时"养护"他们。

当时，韦逞的年纪还小，宋氏白天外出樵采，晚上则亲自教韦逞读书，同时还不敢耽误纺织，里外操劳，十分辛苦。程安寿见此情景，不禁感叹道："学家多士大夫，得无是乎！"由于宋氏长期的辛勤教导，韦逞终于"学成名立"，当了前秦苻坚的太常。

这时，氐族所建的前秦政权在首领苻坚的统治下统一了北方，冀州一带又成为前秦境土。苻坚虽是氐人，但他积极推行汉化政策，热心于办学校，兴教育。他即位后"立学校"，"广修学官"，"开庠序之美，弘儒教之风"，并且"亲临太学，考学生经义优劣"，"每月一临太学，诸生竞劝焉"。不仅如此，他还很重视对宫女的教育，"课后宫，置典学，立内司，以授于掖庭"，甚至"选阉人及女隶有聪识者署博士以授经"，对于宦官和女奴也设博士给他们讲授儒家经典。

有一次，苻坚去太学考察，向博士官们了解儒家经典的讲授情况，谈话中了解到由于长期战乱，现在关于儒家礼乐方面的教学还存在一些缺陷，苻坚感到非常惋惜。这时有个叫卢壶的博士对苻坚说："废学既久，书传零落，比年缀撰，正经粗集，唯《周官礼注》未有其师。窃见太常韦逞母宋氏世学家女，传其父业，得《周官》音义，今年八十，视听无缺，自非此母无可以传授后生。"推荐韦逞之母宋氏来主讲《周官》。苻坚听后，立即批准了卢壶的建议。

但是，当时关于男女界限的封建礼教还比较严格，还没有妇女在太学任教的先例。于是，苻坚下令就在宋氏的家中设立讲堂，设置120个生员的名额，由宋氏主讲《周官》，学生们"隔绛纱幔而受业"。为了表彰宋氏收徒授经的功劳，苻坚授以她"宣文君"的称号，并赐侍婢十人给她。由于宋氏的传授，使许多后生又继承了这门行将失传的绝学。"《周官》学复行于世，时称韦母宋氏焉"。

■心灵物语

在男尊女卑的封建社会中，苻坚敢于打破常规，起用妇女为师，讲授儒家经典，使即将失传的绝学得以延续，对保护古代文化遗产作出了重要贡献，其胆识值得后人称道。而宋氏以八十高龄，毅然走上讲堂，将传世家学公之于众，使更多的后生掌握这门绝学，堪称"为人师表"的典范，更值得后人效法和敬仰！

■史海钩沉

苻坚拒谏诤兵败淝水

苻坚年轻时，便志在统一天下。经过20多年的努力，他基本上统一了中国的北方地区，而且国富兵强，只剩下地处东南一角的东晋还没有征服，

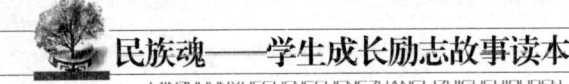

这让符坚耿耿于怀。

建元十五年（379年），前秦攻克了东晋的襄阳，俘虏了守将朱序。符坚认为，此时夺取东晋、统一天下的条件已经成熟，于是决定伐晋。

建元十八年（382年），符坚与群臣商议伐晋之事，但大臣都表示反对，符坚的弟弟符融也不同意。

符融认为，当时伐晋存在三个困难：一是从星象看，天意不顺；二是东晋上下安和，没有灾祸和挑衅行为，无隙可乘；三是经过多年征战，士卒疲惫，人民厌战，再说被征服的鲜卑、羌、羯等贵族也未诚心臣服。然而，符坚根本听不进去。

这时，心怀叵测的前燕宗室将军幕容垂和羌帅贵族姚苌都希望符坚伐晋失败，以便趁机恢复故国的统治，所以，他们竭力怂恿符坚南伐，"圣心独断"。

于是，符坚在君臣认识不统一的情况下，于建元十九年（383年）五月下达了进攻东晋的命令，随后调集90多万兵力陆续向东晋进发。

当时在位的东晋孝武帝虽然昏庸，但其宰相谢安是个很有才学的政治家。在前秦大军压境的情况下，东晋的内部矛盾得到了缓和，从而出现了上下齐心、同仇敌忾的局面。他们趁前秦大军尚未完成集结之际，主动在淝水决战。

在交战前，因符坚急于求胜，在未经核实敌情、不明东晋意图的情况下，就盲目退军决战，结果中了东晋的圈套，一退而不可收拾，导致淝水惨败。不仅前锋统帅符融被杀，符坚自己也被流矢射中，落荒而逃。

 # 李世民尊师教子

> 　　唐太宗李世民（599—649年），是唐朝第二位皇帝。祖籍陇西成纪，一说陇西狄道，政治家、军事家、书法家、诗人。即位为帝后，积极听取群臣的意见，努力学习文治天下，成功转型为中国史上最出名的政治家与明君之一。唐太宗开创了历史上的"贞观之治"，经过主动消灭各地割据势力，虚心纳谏，在国内厉行节约，使百姓休养生息，终于使得社会上出现了国泰民安的局面，为后来全盛的开元盛世奠定了重要的基础，并将中国传统农业社会推向鼎盛时期。

　　唐太宗李世民是我国历史上少有的明君。他深深地懂得，要想让国家兴旺发达，长治久安，搞好子女教育是十分重要的。他曾经对臣下说过："一个具有中等智力的人将来怎么发展，主要由教育来决定。"他还列举周成王和秦二世正反两个例子来说明"人的善恶由近习"的道理。因此，他给几个皇子选择的老师都是一些德高望重、学识渊博的人。而且他还一再告诫自己的子女要尊敬老师。

　　639年的一天，长安城里太子居住处的东宫前突然出现一乘大轿，一个头戴乌纱身穿袍服的老人，由几个太监小心翼翼地搀扶着走下轿来。这时，东宫大门敞开，从里面走出一位风度翩翩的少年，上前向老人施礼。这个少年就是皇太子李承乾。那么，来的这位老人又是谁呢？也许有人会以为是皇帝的重臣。其实不是，他是皇太子的老师李纲。原来李纲由于患了脚疾，行走不便，唐太宗就特许他乘轿入宫讲学，诏令皇太子亲自拜迎老师。

贞观十一年，唐太宗又令礼部尚书王珪做他第四个儿子魏王李泰的老师。有一天，有人反映说魏王对老师不尊敬，唐太宗听了十分生气，便当着王珪的面批评魏王，说："你以后每见到王珪，如同见到我一样，应当尊敬，不得有半点儿松懈。"从此，魏王李泰每次见到老师，都总是好好拜迎，听课时也十分认真。

由于唐太宗家教很严，他的几个儿子对老师都很尊敬，从不失礼。唐太宗教子尊师也被后人传为佳话。

■心灵物语

李世民不但自己尊敬老师，还教导自己的子女要像他一样尊敬老师，不愧是我国历史上的一代明君。

■史海钩沉

虎牢之战

虎牢之战是发生在唐朝武德三年（620年）七月至四年五月，秦王李世民率军在洛阳、虎牢（今河南省荥阳汜水镇西北）各个击破王世充、窦建德军的一次重要战役。

王世充本是隋东都洛阳的守将。隋炀帝死后，他在唐朝武德二年四月称帝，国号为郑，并利用唐军在河东作战无暇顾及东部的机会，夺取了唐朝在河南的部分土地。唐朝武德三年七月，李渊命令李世民领兵八万向东攻打王世充。同时，又派遣使者与窦建德言和修好，使他保持中立。王世充从各州镇挑选勇士聚集洛阳，他亲自率步骑三万迎击唐军。

李世民率步骑五万进军慈涧（今河南新安东），王世充被迫撤回洛阳。于是，李世民决定先扫清外围，然后再攻城。经过八个月的作战，唐军攻克洛城，并占领虎牢，河南50余州相继归降。王世充困守孤城，缺乏粮草，民心颓废，几次派使者向窦建德求救。

窦建德得知洛阳危急后，担心唐灭郑后会危及自己，便决定先联合郑国攻击唐朝，然后再找时机灭郑，夺取天下。于是，窦建德率兵十余万西进，连续攻克管城（今河南郑州）、荥阳（今属河南）、阳翟（今河南禹州）等地，进入虎牢的东面。

李世民见状，便决定分兵围困洛阳，占据虎牢要地，阻止窦军向西进军，一举两得。由于虎牢地形险阻，窦军不能前进，驻扎了一个多月，士气日益低落。李世民得知后，引诱窦建德出战。窦军果然全部出动，李世民便下令军队直冲入窦军当中。窦建德正与群臣议事，唐军突至，前后夹击，阵势大乱。唐军追击30里，俘获了五万余人，窦建德也受伤被俘。李世民回到洛阳后，王世充被迫投降。

这一战役，李世民围城打援，避锐击惰，奇兵突袭，一举两克。至此，唐王朝的统一事业基本完成。

□文苑荟萃

《温泉铭》

《温泉铭》是唐太宗李世民为骊山温泉撰写的一块行书碑文，行书仅存48行，总共354个字。此碑立于贞观二十二年（648年），即唐太宗去世的前一年。

《温泉铭》的书风酷似《晋祠铭》，雍容和雅，丰满润朗，跌宕留美，字势多奇拗，全从二王一路来，宋代米芾的行书即源于此。后世人对其评价极高。此碑书风不同于初唐四家的平稳和顺，而有王献之的欹侧奔放。

有人认为，唐太宗的书法在大王与小王之间，但从作品来看，似乎更多地得之于王献之。然而，出于帝王的威严，他对王献之却极为不恭，曾云："观其字势，疏瘦如隆冬之枯树；览其笔踪，拘束若严家之饿隶。"他还讥讽小王之动机，后被宋朝的米芾窥破。米芾《书史》中说："太宗力学右军不能至，复学虞行书，欲上攀右军，故大骂子敬。"

唐太宗扬大王抑小王，曾影响了初唐的书坛。这一做法，一方面因抑制使激厉、奔放一路的书风暂时隐匿，另一方面也使志气平和的大王书风逐渐抹上了宫廷色彩，而渐渐失去了原有的光辉。

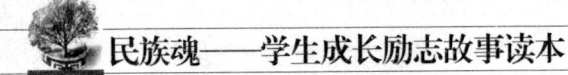
 # 赵匡胤尚学尊师

> 　　宋太祖赵匡胤（927—976年），中国北宋王朝的建立者，庙号太祖，汉族，涿郡（今河北）人。他出身军人家庭，高祖赵朓，祖父赵敬，赵弘殷次子。948年，投后汉枢密使郭威幕下，屡立战功。951年，郭威称帝，建立后周，赵匡胤任禁军军官，周世宗时官至殿前都点检。周世宗柴荣死后，恭帝即位。建隆元年（960年），他以"镇定二州"的名义，谎报契丹联合北汉大举南侵，领兵出征，发动陈桥兵变，黄袍加身，代周称帝，建立宋朝，定都开封。

　　赵匡胤出身于一个官僚家庭。他的父亲是后唐骑兵中的一名中级指挥官。赵匡胤出生的时代，正值政局混乱的五代时期。那时，出于战争的需要，人们普遍崇尚武术，轻视读书。赵匡胤小时候，就和一般公子哥不同，既崇武，又重文。七岁时入私塾读书，学习非常刻苦，成绩总是名列前茅。他的老师叫辛文悦，是个知识渊博的人。老师特别喜欢他，他也十分尊敬老师。

　　那时候，学生常常捉弄老师。

　　有一天，劳累的辛老师竟趴在书案上打起盹儿来。两个好恶作剧的学生偷偷地溜出教室，从后园中捉了只螳螂放在了辛老师的肩头上。螳螂舞动着长腿，一步步向上爬着，眼看着就要爬到辛老师的衣领里。学生们不再读书，新奇地看着，不时地发出"嘻嘻"声。赵匡胤看到学生这样不尊重老师，十分气恼，狠狠瞪了那两个学生一眼，便轻手轻脚地来到老师跟前，把螳螂捉了下来。恰巧这时候老师醒了，看见赵匡胤手里捏着只螳螂，以为他在捣蛋，气得上气不接下气，冲着他喊："真乃

顽童，岂能容汝。去也！"赵匡胤什么也没说，流着眼泪离开教室。

后来，辛老师从别的学生嘴里得知真相后，心里很不平静。他把赵匡胤叫到身边赔罪说："汝无错，师之过也！"

从此，辛老师更加器重赵匡胤，赵匡胤也更加刻苦学习，他跟辛老师学了很多别人学不到的知识。

"陈桥兵变"后，赵匡胤当了皇帝。做皇帝后，他没有忘记恩师，派人把老师接到朝中。辛老师一见当朝皇帝，就要行君臣大礼，赵匡胤忙跪拦道："愧煞我也，学生理应拜先生！我永远是您的学生啊！"辛老师感动得热泪盈眶，决定应赵匡胤之邀，留在朝中，效忠大宋王朝。

从此，宋太祖赵匡胤重文尊师的美德誉满天下，人们纷纷效仿他。一时间，崇尚学习，尊敬师长，成为当时的风气。

■心灵物语

赵匡胤由于辛老师的误解而离开学堂，但当老师得知真相后，他丝毫没有怪罪老师的意思，反而更加刻苦学习。做了皇帝之后，亦把崇尚学习、尊敬师长变成了一种社会风气，足见赵匡胤的胸怀和尊重老师的高尚品德。

■史海钩沉

赵匡胤的一首半诗

行伍出身的宋太祖赵匡胤虽然读书不多，但平生也作过诗，只不过是一首半诗而已，却一直流传至今。

据宋人陈肖岩所著的《庚溪诗话》中记载，赵匡胤在发迹之前，有一次同朋友聚会，大家谈兴甚浓，以至通宵达旦。翌日清晨，当初升的太阳冉冉升起时，在座的一位朋友触景生情，随口吟了一首《咏日诗》。跃跃欲试的赵匡胤听后，感到不以为意，认为诗句虽然工整，却缺少气势，当即脱口而出，吟了下面这首《咏初日》。

> 太阳初出光赫赫，千山万水如火发。
> 一轮顷刻上天衢，逐退群星逐退月。

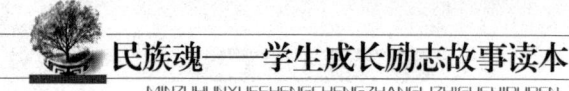
这首诗尽管语句平常，对仗押韵也不太好，但诗意不凡，颇具气壮山河之势。赵匡胤自己也沾沾自喜，颇为得意。

赵匡胤登基后，尽管日理万机，但每每想起此诗，心里都会得意一番，想找机会再露一手，但苦于没有能激发灵感的题材，一直未能如愿。

有一年中秋之夜，明月当空，分外晴朗，那情景竟使赵匡胤格外激动。赵匡胤望了一眼天空，略一沉思，脱口而出前两句："未离海底千山墨，才到中天万国明。"

由于过于激动，加之考虑不太成熟，后两句卡了壳。赵匡胤苦思冥想，却怎么也续不上来了。就这样，《咏月诗》便只写了半首。

□文苑荟萃

宋太祖的死因

976年10月，宋太祖赵匡胤病倒，一切军政和人事便都委托给其弟赵光义代理。赵光义白天处理朝政事务，晚上便到万岁殿探望兄长。

癸丑日的傍晚，天下大雪，赵光义正在御房批阅奏章，一个太监急匆匆赶来传旨，说太祖召赵光义马上去万岁殿。赵光义连忙赶去，只见赵匡胤在床上气喘急促，朝着他一时讲不出话来，只是睁大眼望着门外，不知是何原因。赵光义命在床边侍候的太监退出。太监们便都在门外远处站着，只听见殿内似乎是太祖在与赵光义说着什么，声音隐约，时断时续，难以听清。过了一会儿，又见殿内烛光摇曳着映在墙上，时明时暗，好像是赵光义在躲闪着什么。接着，便有斧子戳地的声响，继而是太祖激动的声音："你好好去做！"这时，赵光义忙跑到门口传太监速去请皇后、皇子前来。皇后、皇子赶来之时，太祖已经去世了。

据此，后人便有种种猜疑，有说赵光义进殿后，趁太祖昏睡之时调戏在旁陪侍的太祖妃子费氏。太祖醒来后见状大怒，便抛出斧子去击赵光义，赵光义闪开，斧子戳地；有的人说是太祖觉得有鬼缠身，赵光义替他舞斧驱鬼，所以有斧子着地之声；还有人认为是赵光义谋杀了太祖。总之，至今这烛影斧声仍是千年疑案。

 # 黄庭坚的尊师之道

黄庭坚（1045—1105年），字鲁直，自号山谷道人，晚号涪翁，又称豫章，汉族，洪州分宁（今江西修水）人。北宋诗人、词人、书法家，为盛极一时的江西诗派开山之祖。英宗治平四年（1067）进士。历官叶县尉、北京国子监教授、校书郎、著作佐郎、秘书丞、涪州别驾、黔州安置等。

黄家四世同堂，黄庭坚已是太爷辈了。

奶奶不知唠叨几次了，让儿子黄实秋给老太爷扫扫房，偏偏支使不动。这阵儿见实秋又在逗他的小儿子玩，下了最后通牒："你要再不扫，我可要动手扫了！"

黄实秋是个孝子，用了一顿饭的工夫，就把黄庭坚的房子扫了一遍。

等灰尘落了，他开始帮老太爷收拾屋子。收拾完，又用抹布把屋里的家具全部擦了一遍。再一看，简直让人认不得了。实秋真为自己的功劳而高兴。

他把老太爷从自己屋请过来，等待着老人高兴，等待着老人的夸奖。

老太爷确实是满怀欣喜地进来了。可刚一迈进门槛，就直愣愣地喊叫："老先生的像呢？"

实秋莫名其妙："像？您是说苏轼的像吗？"

黄庭坚不应声，气冲冲地等待着。

实秋一指当院那堆垃圾："是那个吗？"

黄庭坚回头一看，果然苏轼的画像被丢弃在垃圾堆里，就咚咚咚奔过去，小心翼翼地分开杂物，用衣袖拂去上边的尘土，把画像展开，用抖动的手，指着实秋："你这狗东西！"

他发现实秋的儿子站在面前，却并不改嘴，继续说："别看你当了老子，我照样骂你！"

实秋苦笑笑，说："爷爷，您挂他干吗？"

"他是我的老师！"黄庭坚气冲冲地说。

实秋又说："爷爷，我说句实在话吧，当今论成就、论名气，您完全可以与苏轼相比，干吗还供奉他呀？"

"你混蛋！"老人气得发抖："我的名气怎么来的，我的名气怎么来的？那是当初苏轼老师教的。告诉你，我的名气越大、成就越大，就越觉得应该感谢我的苏老师！"

说着，他颤颤巍巍走进屋，拉过凳子，想登上去，往墙上挂像。

实秋忙跑进屋，一把抓住老人，说："爷爷，您饶了我吧。您摔个好歹的，是我们当晚辈的罪过。"说着，接过画像，替老人挂上去。

黄庭坚远远地站在屋里指挥："再高点儿，南边再高点儿。"

等挂好了，实秋要跳下凳子，老人拦住他："等等，别下来。"递给他一块干净抹布："给我好好地擦擦。"

实秋只得一点一点地把苏轼的画像擦了一遍。

这张画像在屋里已经挂了很多年了，纸早已发黄，贴上去，像这个屋子有了污点，但也必须挂在墙上。

实秋拍拍手，从凳子上下来，端详一下说："多难看。"

老人不愿听了，说："走吧，走吧，这里没有你的事了。"

黄庭坚把孙子轰走，关上门，找出苏轼的文章，面对苏轼的画像摇头晃脑地背着："客有吹洞箫者，倚歌而和之。其声呜呜然……"

背了一遍又一遍，背了一首又一首，忽听门外传来一阵稚嫩的嬉笑声。回头隔门缝一看，是实秋的小儿子来找太爷玩，看见太爷背书的样子好玩。黄庭坚喜欢这个小重孙子。打开门，把重孙子拉进屋里，实秋也要随着进来，老人说："去，不许你进。"把实秋轰走了。

黄庭坚抱着小重孙坐在椅子上，指着墙上的画像："这是太爷的

老师。"

　　小重孙眨着眼，想了想问："那我叫他什么？"

　　"就叫太太爷吧。"

■心灵物语

　　名气越大，成就越大，就越应该感谢老师。黄庭坚说出了自己心中的尊师之道。他把老师的画像挂在墙上，时时刻刻可以看见老师，以表达自己的敬爱之情，并让自己的子孙从中也受到了良好的教育。

■史海钩沉

苏门四学士

　　在苏轼的众多门生和崇拜者当中，他最欣赏、最重视的是黄庭坚、晁补之、秦观和张耒四人。而最先将他们的名字并提并加以宣传的，也是苏轼。他说："如黄庭坚鲁直、晁补之无咎、秦观太虚、张耒文潜之流，皆世未之知，而轼独先知。"由于苏轼的推誉，四人很快便名满天下。

　　《宋史·文苑（六）黄庭坚传》中记载："（黄庭坚）与张耒、晁补之、秦观俱游苏轼门，天下称为四学士。"

■文苑荟萃

登快阁

（宋）黄庭坚

痴儿了却公家事，快阁东西倚晚晴。

落木千山天远大，澄江一道月分明。

朱弦已为佳人绝，青眼聊因美酒横。

万里归船弄长笛，此心吾与白鸥盟。

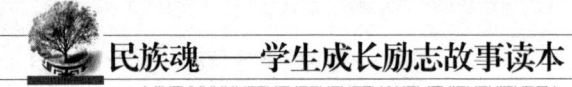
 # 雍正帝扣银罚学使

清世宗胤禛（1678—1735年），康熙第四子。康熙的太子被废后，胤禛继承皇位，改元雍正。胤禛诚信佛教，工于心计，性格刚毅，处事果断。在位期间严整吏治，清查亏空，并对清朝赋役进行大刀阔斧的改革。虽仅在位13年，但励精图治，整顿吏治，清理钱粮，摊丁入地，扩大垦田，火耗归公，以银养廉，创设军机处，革除旗主，平定青海，安定西藏，改土归流等，促进了生产发展，因此经济繁荣，国库充盈，政局稳定，边疆巩固，统一增强，为乾隆创建"大清全盛之势"提供了有利的条件。

雍正帝即清世宗，名爱新觉罗·胤禛，雍正是他的年号。

雍正年间，有一个驻京学使，他喜欢在同僚中吹嘘自己为人正直，为官清廉。

有一天，一位早年的先生来求见他。他看了看老师那衣衫褴褛的样子，就猜透了八九分，于是说道："恩师光临寒舍，学生三生有幸，有失远迎，万望恕罪。不知身体可佳？精神可好？专程前来，又有何见教？"寒暄了一阵，才让座。先生看了看满屋华丽的装饰和学生那不冷不热的样子，也不敢坐，只好开门见山地说："身体精神均佳，只是生活拮据……"

学使不等先生说完，就忙推托说："多年来，弟子牢记先生'为官清廉'之教诲，不敢苟私。然清廉就要清贫啊！故手无银两，家无

余资……"

不等学使说完，先生便说："为师的不难为你，告辞了！"

学生十分得意，照例在同僚中宣扬了一通，以示廉洁，心想传到皇帝耳朵里，定会龙恩大降，身价倍增。

此事果然传到了雍正皇帝的耳朵里。哪知雍正帝不但没有"龙恩大降"，反而大为恼火，说："国将富，必尊师而重傅。古有'一日为师，终身为父'之说；又有'一日三炷香，供奉天、地、君、亲、师'之礼。学使弃先人之说，违先人之礼，实属不道！"于是传旨，从学使正俸以外的补贴中扣500两银，给其师，以顺言正名！

从此，雍正帝扣银罚轻师的故事，便传扬于世。

■心灵物语

雍正帝扣银罚轻师，说明雍正帝是尊重老师、重视教育、重视国家未来的国君，也说明江山社稷，尊师重教是必不可缺的美德。

■史海钩沉

"维民所止"案

清雍正年间，查慎行的弟弟查嗣庭去江西担任考试官。在考试中，他出了一道作文题为"维民所止"，源出《诗经·商倾·玄鸟》。意思是说，国家广阔土地，都是百姓所栖息、居住的，有爱民之意。这个题目完全合乎儒家的规范，没什么问题。但是，由于当时正在盛行文字狱，雍正帝听说后，觉得"维止"两字是在"雍正"两字上去了头，这岂不是要杀自己的头吗？

这一下可不得了，雍正帝很快便下令将查嗣庭全家逮捕严办，查嗣庭本人也受到了残酷的折磨，含冤死于狱中，死后甚至连尸身都不得安宁，受到戮尸之辱。查嗣庭的儿子也惨死在狱中，族人遭到流放，浙江全省士人六年不准参加举人与进士的考试。查慎行也受到了牵连，奉旨带领全家

进京投狱。他在途中写下了这样的句子："如此冰霜如此路，七旬以外两同年。"后来回到故乡后，不久便去世了。

■文苑荟萃

寒夜有怀

（清）雍　正

夜寒漏永千门静，破梦钟声度花影。

梦想回思忆最真，那堪梦短难常亲。

兀坐谁教梦更添，起步修廊风动帘。

可怜两地隔吴越，此情惟付天边月。

 # 段玉裁尊师敬业

　　段玉裁（1735—1815年），字若膺，号茂堂，江苏金坛人，乾隆二十五年（1760年）举人。清文字训诂学家、经学家。官四川巫山知县。曾师事戴震，研究文字训诂音韵之学。著有《说文解字注》《六书音均表》《古文尚书撰异》《毛诗故训传定本》《经韵楼集》等，对我国音韵学、文字学、训诂学、校勘学等方面作出了杰出贡献。

　　段玉裁从小热爱学习，一直到老仍好学不倦。他博览群书，知识异常渊博，著述甚富，是清代著名的文字训诂学家和经学家。

　　乾隆二十五年，段玉裁因中举要到京城去，路遇当时有名的国学大师、考据学家、思想家戴震。戴震对经学、天文、历算、地理、训诂音韵等方面均有较高的造诣，段玉裁早已耳闻，便虚心求教拜戴震为师。后来段玉裁去四川富顺和南溪当知县，每次收到老师的信札，不管有什么事，总是双手恭敬地接过来，然后敬重地面对老师居住的方向诵读。那时，段玉裁在国学界的声誉早已不在戴震之下，还如此尊师，一时间在读书人中被传为佳话。

　　乾隆四十一年，戴震病逝，段玉裁知道后，非常悲痛，尽管他的境况也不佳，但仍给老师家人送去了不少银两，有些钱还是现借的。

　　段玉裁之所以能成为一代有学问的名人，是因为他能以德才兼备的人为师，虚心向他们学习。虽然他一生享誉甚多，却从不狂妄自负，总

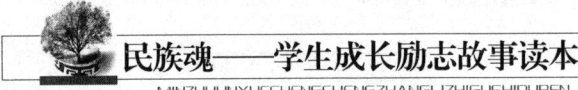

感到自己读书太少，没取得什么成就。他80岁时还写了一篇自序，悔恨自己"忽忽至今，遂已八十。回首平生，学业何在也？"决心从此以后要珍惜时光，为"多见一善人，多闻一善言，多得一善书"而自幸。他还以自悔的心情告诫子孙：一个人不要虚度年华，要惜时如金，要尊师、敬业。只要这样，无论生命长短都是有意义的。

正是这种尊师敬业的精神，使他在学习知识上永不满足，赢得了一代国学大师的美誉。

心灵物语

段玉裁通过生活中的点点滴滴、一举一动来诠释对老师的敬仰。尊重老师，不一定非得对老师言听计从，却会一直把老师记挂在心上。

史海钩沉

段玉裁的个人成就

段玉裁博览群书，著述宏富，由经学以治小学。在小学范围内，他又从音韵以治文字训诂。根基充实，深得体要。

段玉裁的主要著作有《六书音均表》《诗经小学》《古文尚书撰异》《周礼汉读考》《仪礼汉读考》《汲古阁说文订》《说文解字注》及《经韵楼集》等书。其中，《六书音韵表》在顾炎武的《音学五书》和江永的《古韵标准》基础上剖析加密，将古韵分为17部，在古韵学上是一部划时代的著作。

此外，成就最大的应为《说文解字注》，作者积30余年功力写成，体大思精，前所未有。该著作先名为《说文解字读》，每字之下博引群书，详注出处，晚年时期段玉裁才删去繁文，简约成《说文解字注》。嘉庆二十年（1815）五月全书刻成，曾风行一时，为大部分学者所称赞，《说文》之学也由此而盛。

■文苑荟萃

登雅州城楼

（清）段玉裁

雉堞嵯峨矗素雯，登临豪兴百寮分。

滩声不厌喧终古，山色从来媚夕曛。

洛沫异源同赴海，蔡蒙高处独干云。

圣朝声教原无外，偶为筹边誓六军。

飞越峰高木叶声，从军岁晚不胜情。

但知牧围勤羁绁，敢道潺湲可濯缨。

落落长松樛堞霓，离离幽草人新晴。

却愁一片城头月，西照关山此夜营。

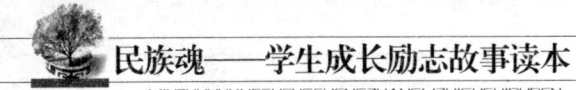
史可法探监看老师

> 史可法（1601—1645年），明末政治家、军事家。字宪之，号道邻，汉族。祥符人（今河南开封）。东汉溧阳侯史崇第四十九世裔孙，其师为左光斗。明南京兵部尚书东阁大学士，因抗清被俘，不屈而死，是我国著名的民族英雄，南明朝廷谥之"忠靖"。清高宗追谥"忠正"。其后人收其著作，编为《史忠正公集》。

　　明熹宗刚刚即位时，魏忠贤乱政，谏官杨涟递上了一份奏章，揭发魏忠贤的二十四条罪状。左光斗等七十余人大力支持，草奏弹劾忠贤等三十二斩罪。然而，明熹宗都不信这些奏章。不久，魏忠贤反诬陷杨涟等六君子接受熊廷弼的贿赂，判定杨涟、左光斗各坐赃两万，后左光斗等人被捕下狱，受尽酷刑折磨，史载"五日一审，裸体受挞、夹、棍等刑，不能跪起，平卧堂下受讯"。

　　左光斗的学生史可法听说老师被捕后，准备买通狱卒，前往探监。尽管史可法明明知道，祸国殃民的魏忠贤明文指示，不准任何人探监，但他必须去，而且必须尽快去，不然就见不到老师了。

　　史可法费了几天工夫，才找到监狱门口，但门前两道岗的狱卒把守十分严密。史可法乔装成粪便清扫夫，通过了监狱把守的检查。

　　在牢房门口，他又苦苦向看守说明来意，得到看守的同情后，才允许他进到牢房里。

　　见到遍体伤痕的左光斗老师，史可法再也无法忍受，呜呜地哭出了声。

　　"你是谁？"左光斗双目已被烫伤，他吃力地张开双手摸索。

　　史可法凑上前，跪在老师身边："老师，我是你的学生史可法呀！"

　　史可法，几天以来，左光斗在梦里常想，呓语中总说。人到危难时倍想亲人。他太想念他的学生们了，但更想学生史可法。

　　他清晰地记得那年腊月，他带着几个随从到外地巡视，路过大兴一个古庙。那天雪很大，风很冷，他和随从们一同进庙避雪。

　　一进去，见案桌后一个青年趴在文稿上睡着了。他走上前，站在青年身后，看到了青年写的文稿，抑制不住内心的喜悦，轻轻地跺着脚，称赞："好，好！"他翻开封面，看见青年的名字"史可法"。

　　左光斗无限爱抚地看看青年，发现他身上衣着单薄，就把自己的皮袍子解下盖在青年身上，退出古庙关好门。

　　冬去春来，迎来了全国统一的考试。在一张精彩的答卷上，左光斗发现了"史可法"的名字，如获珍宝，立刻叫人把这位考生找来。

　　几年的师生接触，左光斗和老师们越来越喜欢史可法这个学生。他的正直，他的勤奋，他的端庄品行，使老师们都为有这样的学生而骄傲。

　　今天，左光斗遭了难，在生命垂危之际，他日夜思念的学生来了，他心里十分激动，眼泪从布满烫伤的眼缝中溢出，眼睛疼得更加厉害。但瞬间，左光斗似乎又清醒了，他缩回双手，严肃地说："谁叫你来的，快，快出去！"

　　史可法非常理解老师此时的心情，他紧紧抱住老师，哭泣着说："学生不走了，学生要好好服侍恩师！"

　　"你胡说，这是什么地方？你不要命了？"他几乎在咆哮。

　　"我知道。就是我死了，也要守在老师身边。"

　　老师生气了："你，你，你忘了我平时怎么教育你的。你必须出去，要和魏忠贤那些败类们斗争到底！"

　　史可法说："学生明白。可是现在您最需要我。"

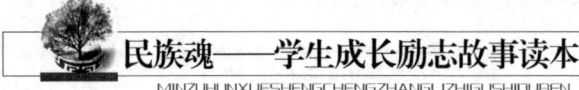

"不是，不是！我需要你快走！"老师在发怒，脸上的血肉在抖动："你若不走，现在不是我打死你，就是我死在你面前！"他抖着手上的铁链。

史可法只得离开老师了。他又一次紧紧抱住老师，他觉出老师浑身在颤抖。他哭着说："老师，您多保重啊！"然后，他跪在地上磕了头，离开了牢房。

■心灵物语

史可法不顾自己的生死，冒着生命危险乔装后到狱中探望老师，可见他把老师的生命看得比自己的还要重。

■史海钩沉

扬州十日

1645年3月，清廷派遣豫亲王多铎领军进攻南明。南明朝廷急调史可法入援南京，堵截左军。四月二日，史可法率军行至草鞋峡，得知左军已被击败，于是返回扬州。而多铎在四月五日从归德出发，十三日晚从泗州渡过淮河。史可法四月十一日赶赴天长，情势已十分危急。史可法一日发出三道命令，檄招江北各镇支援扬州，仅总兵刘肇基率所部4000人自高邮（今属江苏）入援。史可法于四月十二日退到扬州。由于外围明军纷纷不战而降，扬州其实已成为一座孤城。

四月十七日，清军先头部队进抵扬州，集结兵力，搜罗船只。十八日，多铎率主力兵临扬州城下，派明降将李遇春等劝降史可法，遭到拒绝，清军随即发起进攻。

史可法督万余官兵登陴分守各门，自守旧城西门险要。刘肇基守西北门。二十二日，总兵李栖凤、监军高岐凤率4000余人乘夜出降，使城中守备更加薄弱。二十三日，总兵刘肇基请求乘敌不备，背水一战，史可法没接受。清军连日由四面向城中发炮，屡毁城墙。史可法督军民以草袋盛土填障，修补城墙，多次击退清军。

与此同时，史可法血书告急，请求援兵，没有得到回应。此间，清军多次劝降，均被史可法拒绝。二十四日，清军运来红夷大炮，猛轰城西北隅，城破。清军垒尸为梯，蜂拥攀援入城。史可法欲自刎，被众将拦住。众人拥下城楼，大呼曰："我史督师也！"多铎劝降史可法，史可法表示："城亡与亡，我意已决，即碎尸万段，甘之如饴，但扬城百万生灵不可杀戮！"后壮烈就义。刘肇基率余部400多人继续与清军展开巷战，最后都战死沙场。

清军占领扬州后，对扬州展开屠城。时人王秀楚目睹了这一暴行，在其所著的《扬州十日记》中，对清朝军队的兽行进行了详尽的记录："诸妇女长索系颈，累累如贯珠，一步一跌，遍身泥土；满地婴儿，或衬马蹄，或藉人足，肝脑涂地，泣声盈野。""遇一卒至，南人无论多寡，皆垂首匍匐，引颈受刃，无一敢逃者。"

清朝军队在扬州城内杀人、纵火、强奸、抢劫，暴行一直持续了六天，多铎才下令封刀。

■文苑荟萃

寿彭云举先生九十

（明）史可法

传经伏氏齿相当，系出钱铿世更长。

岭外政成垂雨露，淮南书就挟风霜。

生同文佛初临日，居是回仙四至乡。

教得梨园歌舞艳，坐看人代变沧桑。

柳敬亭谨记师训

> 柳敬亭（1587—1670年），祖籍南通余西场，生于泰州。原姓曹，名永昌，字葵宇，明末清初著名评话艺术家。

柳敬亭原名曹逢春，家住江苏泰州曹家庄。后来由于好打抱不平，得罪了地方上的恶势力，流落到外乡。有一天，他睡在一棵大柳树下，醒来后抓着拂在身上的垂柳枝条联想到自己的不幸遭遇，就改为姓柳了。接着他想起南朝齐诗人谢朓咏敬亭山的诗，觉得"敬亭"二字可取，便以"敬亭"作自己的名。

柳敬亭流浪在外乡，看到茶馆酒楼上经常有人说书，他就经常去听，听了后便记在心里，加上自己从小读了不少历史小说，听了不少民间故事，所以也想靠说书来维持生活。

由于不知道说书的技巧和方法，也找不到合适的老师可求教，柳敬亭只能自己摸索着瞎练一通，效果很不理想，他为此也很苦恼。后来，他遇到一位高明的艺人说书，听完以后，佩服得五体投地。这位艺人叫莫后光，柳敬亭诚恳地要求拜他为师。莫后光看到这个青年人诚实可爱，说书也有较好的基础，就把自己的经验传授给他。

莫后光把说书艺术的基本原理和方法讲给他听，告诉他："说书虽然是一种小技艺，也同学习其他技艺一样要下苦功夫。首先要熟悉各阶层的生活和各地的方言、风俗和习惯，然后把观察和搜集到的材料，经过反复分析，弄清它们的因果关系、发展过程。还要学会对掌握的材料加以剪裁取舍，能够把有用的材料组织得恰到好处。"

柳敬亭听了老师的教导以后，将这些深深地记在心里。他白天到处走街串巷，仔细地观察社会上的各种现象，尤其对于社会下层人民的方言俚语非常注意。他认为出自民间的传说故事带有很强的趣味性，很容易使听众进入情节，并能感觉到生活的情趣。晚上回家以后，闭上眼睛细细琢磨白天看到的事情，并把它们加工、提炼、融入历史故事中去，最后认真地记在纸上。

柳敬亭这样学习了几个月以后，便去找老师指点。莫后光先让他说了一段书，对他说："现在你虽能讲故事，但还不能引人入胜。重要的问题是时时刻刻要想到怎样把故事说得好，说得动听。有时，故事中的情节可以从从容容地直叙，一路走来，直达胜境；有时，说的故事要求简洁明快，开门见山，一目了然；有时，不妨增加一些伏笔或悬念，使得听众舍不得离开，总想听出个究竟。总的来说，在故事的轻重缓急之间，要安排得贴切妥当，件件事要有交代，有着落，有头有尾，抓住人心。"

柳敬亭听了以后，继续苦心钻研。他深入到老百姓中去，和各式各样的人交朋友。在交朋友的过程中，他发现，有许多上了年纪的老年人说起话来很吸引人，而且声音是随着故事情节的跌宕起伏而抑扬顿挫，感染力很强，尤其是他们说话时那不慌不忙、胸有成竹的沉着神态，很值得自己学习。柳敬亭每天都细心观察、模仿。就这样，又过了几个月，柳敬亭再去请教老师。

莫后光听他说了一段书后，说："你现在已经进步不小了，听的人能够聚精会神，说到危险处也能使他们害怕，说到痛苦处也能使人流泪了，但还要精益求精。说书人说书的时候必须和故事中的人物融为一体，在说书时忘记了自己是个说书人，忘记了自己在台上，忘记了自己生活的时代，甚至忘记了自己的姓名。只有这样，他在表演故事中的人物时，才能在动作、语言和神态上无不惟妙惟肖、活灵活现，使自己变

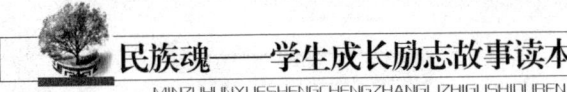

成故事中的人物。这样，才能吸引听众进入故事所表现的境界中去。结果连听众也忘记了自己，忘记了自己是在听说书。这才是说书艺术最理想的境界。"

柳敬亭听了老师这番话，信心更足，学习也更加刻苦努力了，他更进一步深入到生活中去，熟悉人们的感情、爱憎。他还常常说书给人们听，让人们进行评论。晚上回到家里，再把白天说过的书重新说一遍，把白天大家提的批评和建议尽量采纳进去。

这样过了几个月，他又去找老师。这一次老师听了他说的书后，高兴地竖起大拇指说："现在你已经学到家了，还没有张口说书时，你已经在屋子里制造了故事中的气氛，等你说起书来。听众的情绪就能够不由自主地跟着故事中的人物共鸣起来了。"莫后光拍着柳敬亭的肩膀说："你进步真快啊！"

柳敬亭在名师的指点下，经过自己的刻苦研究，努力学习，终于成为一位有名的说书艺人。

■心灵物语

从故事中，我们得知柳敬亭拜了一位好老师。老师在他不断地学习中，给予他悉心的教导，使他的学业有了长足的进步，他的说书技艺也日益提高。在他的一生中，老师对他的帮助最大，他对老师也怀着深深的敬意。

■史海钩沉

书生退敌

宋高宗听到王权兵败，就将王权撤了职，另派李显忠代替王权的职务，并且派宰相叶义问亲自去视察江淮防务。

叶义问也是个胆小鬼，他自己不敢上前线，便派一个叫虞允文的中书舍人（文官名）去慰劳采石的宋军将士。

虞允文到了采石，王权已经被撤职，接替他职务的李显忠却还没到。

对岸的金兵正在准备渡江，宋军没有了主将，人心惶惶，秩序混乱。

虞允文看到队伍这样涣散，感到非常吃惊。他觉得等李显忠来已经来不及了，就立刻把宋军将士召集起来，对他们说："我是奉朝廷的命令到这里来劳军的。你们只要为国家立功，我一定向朝廷汇报，论功行赏。"

大伙儿见虞允文出来做主，都来了精神。他们说："我们恨透了金人，谁都愿意抵抗。现在既然有您做主，我们愿意拼命作战。"

虞允文是个书生，从来没有指挥过军队，但是爱国的责任心使他鼓起勇气。他立刻命令步兵、骑兵都整好队伍，排好阵势。

宋军刚刚布置停当，金兵就已经开始渡江了。完颜亮亲自指挥金军进攻。几百艘大船迎着江风，满载着金兵向南岸驶来。不久，金兵便开始陆续登岸。

虞允文命令部将时俊率领步兵出击。时俊挥舞着双刀，带头冲入敌阵。士兵们士气高涨，奋勇冲杀。金兵进军以来，从来没有遭到过这样顽强的抵抗，还没有适应这样的敌手，便很快败下阵来。

■文苑荟萃

苏轼与《念奴娇·赤壁怀古》

谪居黄州时，苏轼曾来到黄州附近的赤壁，面对着滚滚东去的大江，慷慨激昂地高声吟唱这首《念奴娇·赤壁怀古》：

大江东去，浪淘尽，千古风流人物。
故垒西边，人道是，三国周郎赤壁。
乱石穿空，惊涛拍岸，卷起千堆雪。
江山如画，一时多少豪杰！
遥想公瑾当年，小乔初嫁了。
雄姿英发，羽扇纶巾。
谈笑间樯橹灰飞烟灭。

故国神游，多情应笑我，早生华发。

人生如梦，一尊还酹江月。

一年后，苏轼的好友潘大临看到这首词，立即叫了起来："好词！好词！多么豪放的气魄！"

古耕道的评论更是精辟。他将苏轼这首词与当时最流行的柳永的《雨霖铃》相比较说："柳词配由十七八岁的女孩儿，手执红牙檀板，唱那凄婉的'杨柳岸，晓风残月'。而苏词须得请那关西大汉，手执铁板铜琶，高唱'大江东去'。"

乾隆帝题字为重教

乾隆（1711—1799年），即清高宗皇帝，姓爱新觉罗，讳弘历，雍正帝第四子。葬于河北裕陵（今河北省遵化市西北）。乾隆于雍正十三年即位，为清代入关后的第四任皇帝。

娘娘梳洗完毕，用过早点，漫步来到御花园。

莲花池内，平静的水面不时被金鱼吐出的水泡画出几个渐渐变大的圈儿，成群的鱼儿在荷花茎叶间追逐嬉戏。亭亭玉立的荷花，随着鱼儿追逐的路线有规律地微微颤动着。

看到这儿，娘娘诗兴大发，随口吟诵一首莲花诗："莲花生淤泥，净色比天女……"

她边吟边走，一阵清风送来的香味，把她引到一株海棠树下。这时，海棠正在开花，她又吟了一首咏海棠花的诗："诗里称名友，花中占上游……"

娘娘游兴正浓，猛听一边书斋里传出个孩子琅琅的背书声。她停下脚步，听出是太子在背书。

她悄悄凑上前，听太子背不出了，隔门缝看见王尔立老先生微闭双目，掐着手指。太子不出声了，老先生也不掐了。

王老先生睁开眼，露出一副严肃的神色："为什么背不出，为什么不用功？"抓过桌上的烟袋，咕噜咕噜地吸几口。

王先生把烟袋重重地放回到桌上，生气地说："按照规矩办事，背不出书，罚跪！"

外边的娘娘听说要太子罚跪，愣了。转念又想，大概是先生在吓唬学生。这位王尔立先生是当今最有名望的好老师，是皇上百里挑一亲自选定的。可是当王先生又一次威严地叫太子跪下时，娘娘的眼泪险些掉下来。她再也看不下去了，推门闯了进去。

本来跪得挺直的小太子，见到娘娘，一扶地站了起来，哇的一声哭着扑到娘娘怀里。娘娘的眼泪再也止不住，流了下来。

娘娘擦擦泪，向王尔立作个揖："求老先生开恩，不要罚孩子跪了。孩子太小，骨头软，肉儿嫩。"

王尔立坐在椅子上，看着眼前这一切，没说一句话。

娘娘又说："我回去教他背书。过一会儿，叫他背给您听。"

王尔立仍没言语。

娘娘把太子领走了。在娘娘屋里，太子一遍又一遍地背书，当他终于背会了，再次由娘娘领着来到书斋时，王尔立先生不见了。"王老师回寝室休息去了。"娘娘猜测着说。

娘娘把太子领出书斋，在花园里玩。正在这时，一个太监跑来，对娘娘说："圣上召见小太子。"

小太子看看娘娘，娘娘知道事情不好，脸色立刻沉了下来。

小太子来到乾隆皇帝面前，一头跪下。乾隆皇帝问："说说，我给你请来老师后，是怎么对你讲的？"

小太子像背书："要尊敬老师，听老师的话，虚心向老师学习知识。"

"你今天是怎么做的？"乾隆又问。

"今天没背会书；还有……还有没跪完就走了。"

"怎么办？"

太子吭哧半天也没说出个办法。

"向老师认错，重新背书，重新罚跪！"

"是。"

乾隆又对太子说："你先在这儿等一会儿。"然后来到旁边的屋子，

向王尔立先生作个揖，说："怪我太娇惯他了，今后您该怎么管，就怎么管。"

本来到这里向皇帝告辞的王尔立，见皇帝讲得这么真诚，就同意留下，继续教太子。

随后，乾隆皇帝提笔在纸上写下"娘娘免进书院，违者斩！"写好后，叫人贴在书斋门口。

从此，娘娘不敢再进书斋，这里就成了娘娘的禁区。

■心灵物语

母亲经常会袒护孩子，让孩子少受折磨和痛苦。但这样有时也会适得其反。文中专为娘娘设的禁区就是乾隆为防止娘娘对太子过于娇惯才下此命令，为的就是让太子有个好一点儿的学习环境，也为了不让老师在教学过程中受到外界环境的干扰，可谓既尊重老师又重视教育。

■史海钩沉

乾隆的青年时期

乾隆帝自幼聪明，五岁就学，过目成诵。据说，在康熙六十年的一天，康熙帝在雍亲王府第一次见到了孙子弘历，当时弘历12岁，一下子就为其祖父康熙帝所喜爱，将其领入宫中养育，并亲授书课。

此间，据说乾隆曾随同祖父康熙前往木兰围场行围。当时，康熙开枪将一只黑熊射中倒地，为了锻炼小皇孙的胆量，康熙就命他前去再射。乾隆来到跟前，不料黑熊并未射死，仅是受伤倒地。见有人近前，突然立起，扑向乾隆。乾隆面对危险，毫不惊慌，镇定自若，虚与周旋。康熙在一旁见势不妙，急忙又发一枪，将黑熊射死。

康熙在去世前，曾预言乾隆"有英雄气象，必封为太子"，这也为日后乾隆登上皇位增加了一个筹码。

■文苑荟萃

《御制文初集》

《御制文初集》共30卷，其中目录两卷。为清高宗弘历所撰，于敏中等编。清乾隆二十九年（1764年）武英殿刻本。

《御制文初集》的卷前有乾隆甲申（乾隆二十九年，1764年）御制文初集序，序末钤"乾""隆"联珠印；经筵讲官户部左侍郎于敏中奏请编刻是书折。卷末有刘统勋、刘纶、彭启丰、董邦达、裘曰修、于敏中、钱汝诚、观保等跋。

《御制文初集》所记录的内容据称均为清高宗弘历自作，词臣代拟之作不载。此集收录了乾隆元年至二十八年（1736—1763年）间高宗所作各体文570余篇，分为19门，以经筵御论冠首，其次为论、说、祝文、记、序等，均按年代编次，所涉题材广泛，天文、地理、政事、经史、人物、艺术、经济等无不加以阐述。如经筵御论《君子体仁足以长人》《其难其慎惟和惟一》《汉光武论》《平定准噶尔告成太学碑文》以及《太祖高皇帝圣训序》《太祖高皇帝实录序》《大清一统志序》等，详尽而形象地反映了清高宗的政治活动和思想感情，为研究清帝和清史提供了不可缺少的珍贵史料。

 # 林则徐一生奉师训

林则徐（1785—1850年），字少穆。唐朝莆田望族九牧林后裔，籍贯为福建侯官。林则徐于道光七年所撰的《先考行状》中记述："府君讳宾日，号阳谷，系出莆田九牧林氏，先世由莆田徙居福清之杞店乡（今海口镇岑兜村），国（清）初再徙省治（福州）。"林则徐是中国近代"睁眼看世界的第一人"，伟大的爱国主义者。他于道光十九年（1839年）受命钦差大臣赴广东禁烟，在虎门当众销毁没收的鸦片烟237万斤，取得禁烟运动的胜利，名震中外。因此，史学界称他为近代中国的第一人臣。

林则徐为官后，发觉自己"舍迎养一事，别无可以自慰者"，于是又派人回到故乡，恳请双亲前来。而林父喜欢乡居生活，不肯前来，但感于林则徐的孝心，便让林母前往。他还亲自写信告诉林则徐："汝勿强余，余行不能至，恐汝转以忧去职也。"林则徐捧读父亲的亲笔信，不禁涕泣。同乡前辈林春溥此时已辞官归里养亲，他十分歆羡，赋诗云："桑东去恋春晖，早脱官袍著彩衣。……我为简书惭负米，白云迥望正依依！"父亲去世后，林则徐把父亲手绘的《饲鹤图》随身携带，以为永久纪念。

孝亲者必尊师，林则徐对恩师张师诚也极为敬重，一生感怀恩师的教诲。张师诚（福建巡抚）不仅教林则徐修习经典，还帮助他考取功名、出仕。而恩师也激励着林则徐要一生奉公为民。

张师诚曾二试林则徐。当年林则徐还是个穷书生时，在县衙门担任管理书信的工作。有一天，县令突接上司巡抚张师诚的命令，要将林则徐解送省里。县太爷明知林则徐是规矩人，但巡抚的命令又不敢违抗，便和林则徐商量，给他行资，让他潜逃。林则徐知道自己并没做什么不法之事，坚持听凭押解上省，他说："苟有罪，不逃刑，无则可大白于世，不能以含糊了事！"就这样被押解省里。巡抚见到他，拿出几封他代县令写的公函，问是不是他经手，林则徐点头称是。巡抚忙起身趋前携手，说："我早就知道是你的本事，想请你来做书记官，特地试试你的胆量，你不怪我吧？"这是一试。

林则徐在省里做书记官，有一年春节前，他为巡抚大人写了一封拜表贺岁。本来就是例行公事的，谁知送张师诚过目时，忽然在拜表上改了几个无关紧要的字，然后要林则徐再抄一遍。林则徐虽然忙着回家过年，但还是认真地抄正了。天亮时，张师诚回来了，看了一遍拜表，就向林则徐"作一长揖"，说："以前看你的书法，越到临尾，越有精神，我心里就很佩服了，现在更加相信。我看人不少，都凭这点占卜别人的功名富贵，多数应验。你将来功名一定胜过我，我愿把我的子孙都托付给你。"这是二试。

林则徐果然没让张师诚失望，他不仅在职位上大大超过老师张师诚，而且究根问源，张师诚可谓有先见之明。老师识人明察的态度也影响了林则徐一生，他也用同样的方法选了沈葆桢当女婿。

沈葆桢本为林则徐幕中的一个小书记。有一年除夕，众宾客都回家过年了，只有沈葆桢没有走，照样办公。林则徐偶尔出来看见，就问沈葆桢："今日除夕，幕宾都回家过年了，你怎么还留在这里做事？"

沈葆桢说："有些事没做完，所以就留下了。"

林则徐注视着沈葆桢许久，说："我有一份奏章，今天要发的，你留在这里太好了。"于是，林则徐就交给沈葆桢一份长逾千言的疏稿，命他誊写。沈葆桢写完时，天已三更了。他看了一遍，并未写错字或漏写，便到林则徐面前报命，并说打算回家去。

哪知林则徐忽然说："字太荒率，应该重写。"

沈葆桢连忙又重写一遍。写好后，天都快亮了，随即又送过去，林则徐看过，笑说："还是差点儿意思呀。"

一会儿，拜年的都来了，林则徐便含笑着对众人说："今天拜年，还要祝贺我得到佳婿呀。"

众人都很惊异。这时，林则徐就把沈葆桢介绍给众人，说："这就是我的女婿。"

原来，林则徐见沈葆桢除夕还在办事，而且重誊过的文件一点儿也不躁怨，知道他是个大器之人，所以看中他。后来，沈葆桢果然科名连捷，著立功绩，为清代中兴名臣。

■心灵物语

孝敬父母的人一般都会尊敬老师，正所谓"一日为师，终身为父"，尊重老师就如同尊重自己的父母一样。林则徐一生始终奉行老师张师诚为人做事的态度，感恩老师的教诲。

■史海钩沉

海纳百川，有容乃大

这句话的意思是说，做人做事要豁达大度、胸怀宽广。这也是一个人有修养的表现。

中国过去有句俗话，叫作"宰相肚里能行船"，姑且不论那些宰相是不是都是有肚量的人，但人们都把那些具有像大海一样广阔胸怀的人看作是可敬的人。

"海纳百川，有容乃大"，这八个字出自民族英雄林则徐题于书室的一副自勉联："海纳百川，有容乃大；壁立千仞，无欲则刚。"寓意为要像大海能容纳无数江河水一样的胸襟宽广，以容纳和融合来形成超常大气。

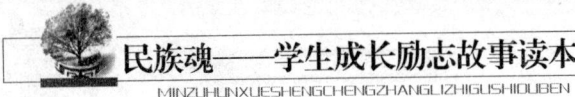
■文苑荟萃

宣南诗社

宣南诗社为清代嘉庆、道光年间北京的诗人组织，经常活动在北京的宣武门南部地区。初名为消寒诗社，创建于嘉庆九年（1804年），书社的成员有陶澍、顾莼、朱珔、夏修恕、吴椿、洪介亭等人，他们都是嘉庆七年（1802年）的同榜进士，当时也都在翰林院供职。第二年，陶澍因丁忧归里，诗社活动停止。

嘉庆十九年（1814年）冬，翰林院编修董国华重新发起诗社活动，参加者有陶澍、朱珔、胡承珙、钱仪吉、谢阶树、陈用光、周蔼联、黄安涛、吴嵩梁、李彦章、梁章钜、刘嗣绾、周之琦等人。其中，有些人还是经学家。因此，诗社的人除作诗以外，也讨论经学。胡承珙说："间旬日一集，集必有诗。嗣是岁率举行，或春秋佳日，或长夏无事，亦相与命俦啸侣，陶咏终夕，不独消寒也；尊酒流连，谈剧间作，时复商榷古今，上下其议论，足以祛疑蔽而泯异同，并不独诗也。"（《消寒诗社图序》）

同年十二月至次年四月，林则徐在京期间，也曾参加过宣南诗社。他说："偶喜追陪饫文字，敢擅风骚附述作。"可见，他与诗社的关系并不是很深。

 # 齐白石感恩师胡沁园

　　齐白石（1864—1957年），湖南湘潭人。20世纪中国画艺术大师，20世纪十大书法家之一，世界文化名人。宗族派名纯芝，小名阿芝，名璜，字渭清，号兰亭、濒生，别号白石山人，遂以齐白石名行世，并有齐大、木人、木居士、红豆生、星塘老屋后人、借山翁、借山吟馆主者、寄园、萍翁、寄萍堂主人、龙山社长、三百石印富翁、百树梨花主人等大量笔名与自号。

　　胡沁园手头宽裕些，想装饰一下自己的住所，请来一位年轻的画工。

　　年轻的画工把胡沁园家早已斑驳脱落的画梁重新着色。胡沁园觉得小画工手挺巧，使他的画梁恢复了原色、原样。而且几处残破的木建筑，他也能运用锯、刨等工具整修一新。

　　一天，胡沁园问画工，能不能在他的床头做个雕花木栏。画工点点头，问："您喜爱什么花样？"

　　胡沁园说："梅花、荷花、兰花都行。"

　　画工铺上纸，在纸的半边画几笔，出来个梅花图案；又在纸另半边，画出来个荷花的图案，手法娴熟、线条简洁。

　　胡沁园是有名的画家，看出小画工在绘画上很有天赋，就说："我看看你的手。"

　　小画工把满是油漆、颜料的脏手在身上擦擦，显出了满掌老茧。

　　胡沁园佯作会看指纹，指着他的手问："你叫什么名字？"

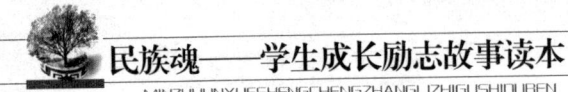
画工说："齐白石。"

胡沁园指指他的手心，说："看你的手相，你将来必成大气。"

齐白石笑笑，不信。

胡沁园说："留这儿，跟我读书吧。"

齐白石说："我家穷，读不起书。"

胡沁园说："我不收你的钱。"

齐白石又说："我年岁大了，读不进。"

胡沁园问："你多大年岁？"

"27岁。"

"会背《三字经》吗？"

"磕磕巴巴能背几句。"

"背背我听。"

齐白石开始背："人之初，性本善……"背到"苏老泉，二十七，始发愤"时，胡沁园说："再把'苏老泉'背一遍。"

齐白石又背："苏老泉，二十七，始发愤。"

胡沁园说："苏老泉27岁才开始发奋读书，你27岁怎么就读不了书？"

齐白石没话可说了，开始安下心来，跟着胡沁园读书。胡沁园除去每天教齐白石读书认字外，主要教他绘画。读书、绘画之余，齐白石还到外边当画工挣钱。

胡沁园教授得认真，齐白石学习得刻苦，所以齐白石进步很快，逐渐由画工步入画家行列。

齐白石可以独立到外边作画时，每次外出归来，第一件事就是去看望胡沁园老师；每次外出之前，总要把胡沁园家里的事都安排好。

那年，齐白石正在外地，听说胡沁园老师病逝，立刻要中断活动。同行友人与齐白石见面不易，都不愿他离开，但齐白石说："胡老师不仅是我的恩师，而且是我平生第一个知己。今天我略有成就，全是他老人家培养的结果，我必须饮水思源。"

听到这里，友人只得说："既然如此，就请齐先生自便吧。"

齐白石以最快的速度回到了胡沁园老师的家。

　　齐白石在院内摆好案桌，找出旧时自己画过的画，对曾得到过胡老师赞赏的20幅，按照老师生前的指点重新画出。

　　他的画笔在微微颤抖，一幅幅精美的画重新复制出来。旁边围观的人称赞他不愧是胡先生的学生；也有的说，这些画拿出去，要卖大价钱了。

　　齐白石把这些画一张张裱糊好，又把它们卷好整齐地放在一个精制的白纸箱内。

　　周围的人以为齐白石要背着箱子走了，他却点着一把火，烧着了纸箱。

　　青烟缠绕着火苗，火苗挣脱开青烟，齐白石双腿跪在火堆旁，面对老师的遗体，悲切地说："胡老师，就以此作为对您老人家的悼念吧。"

■心灵物语

　　胡沁园慧眼识英才，也说明他知人善任、重视人才，最终令齐白石成为著名画家。齐白石在得知老师病逝时，以最快的速度返回老师家中悼念，并以自己的画作为对老师的纪念，这说明齐白石尊敬师长，并把自己的老师作为一生的知己。

■史海钩沉

齐白石的爱国轶事

　　抗日战争时期，北平的伪警司令、大特务头子宣铁吾过生日，便硬邀国画大师齐白石赴宴作画。齐白石来到宴会上，环顾了一下满堂宾客，略为思索，便铺纸挥毫。转眼间，一只水墨螃蟹便跃然纸上。众人都赞不绝口，宣铁吾更是高兴得不得了。这时，齐白石笔锋轻轻一挥，在画上题了一行字："看你横行到几时"，后书"铁吾将军"，然后拂袖而去。

　　还有一次，有个汉奸向齐白石求画，齐白石就画了一个涂着白鼻子，头戴乌纱帽的不倒翁，还题了一首诗："乌纱白扇俨然官，不倒原来泥半团，

将妆忽然来打破，浑身何处有心肝？"

　　1937年，日本侵略军占领了北平。齐白石为了不被敌人利用，坚持闭门不出，并在门口贴出告示，上书："中外官长要买白石之画者，用代表人可矣，不必亲驾到门，从来官不入民家，官入民家，主人不利，谨此告知，恕不接见。"齐白石还嫌不够，又画了一幅画来表明自己的心迹。这幅画很特殊，一般人在画翡翠鸟时，都会让它站在石头或荷茎上，窥伺着水面上的鱼儿；而齐白石一反常态，不去画水面上的鲜鱼，而画深水中的虾，并在画上题字："从来画翡翠者必画鱼，余独画虾，虾不浮，翡翠奈何？"齐白石闭门谢客，自喻为虾，并把当官的汉奸与日本人比作翡翠，喻意深藏，发人深思。

■文苑荟萃

画华岳图题句

（近代）齐白石

仙人见我手曾摇，怪我尘情尚未消。
马上惯为山写照，三峰如削笔如刀。

 # 冯玉祥敬老舍

> 冯玉祥（1882—1948年），民国时期著名军阀、军事家、爱国将领、著名民主人士。原名冯基善，字焕章，祖籍安徽巢县（今安徽省巢湖市）人，寄籍河北保定。国民革命军陆军一级上将，蒋介石之结拜兄弟。

一次，冯玉祥写了几首诗，自我感觉不错，但他自知水平肯定不行，便准备请老舍先生指教一下。

由于公务太忙，冯玉祥一直抽不出身，好不容易今天有点儿空，做好了出门的准备，偏偏一位过去的老部下来了，告诉他一位朋友今天要来。

冯玉祥只得找来勤务兵，叫他去把老舍请来，他可以边听老舍指导写诗，边等朋友。

勤务兵听明白后，一碰鞋跟，敬个礼说："是，我去叫他来！"

"啪！"冯玉祥一拍桌子，吓得勤务兵缩着脖子退了回来。

"你刚才怎么领命的？"

勤务兵重复了一遍："我去把他叫来。"

冯玉祥气愤地指着勤务兵说："你混蛋！到了老舍先生那里，你敢这样说，看我能饶你！"

勤务兵吓得站在一边不敢动，但又不知错在哪里。

冯玉祥稍稍平静些了才说："你去了以后，给我恭恭敬敬地向老舍

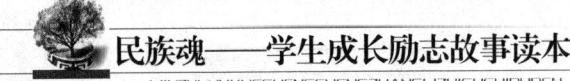
先生行个礼。"

勤务兵说："是。"

冯玉祥接着说："恭恭敬敬地问老舍先生有时间没有，能不能来一趟……"

勤务兵说："是。"他刚想走，又被冯玉祥叫住："别忙！要说我实在离不开，不然应当去拜访老舍先生。"

勤务兵又说："是，是。"

"听明白了？"

"听明白了。"

冯玉祥一挥手，要让勤务兵走，但马上又说："等等。"

勤务兵又返回来。"重复一遍。"

勤务兵皱着眉头想着说："向老舍先生行个礼。还有……"下文忘了。

"问老舍先生有时间没有。"冯玉祥提醒道。

勤务兵重复说："问老舍先生有时间没有。"下文又忘了。

"我离不开……"冯玉祥着急了。

"对，我离不开！"勤务兵顺嘴随着说。

"什么？"冯玉祥生气了。

"不不。冯将军应当去拜访，可是事情多，离不开……"勤务兵吃力地背诵着。

冯玉祥在屋内急得来回走动着，然后敲着桌子："再给我重复一遍！"

勤务兵只得又把刚才的话背了一遍，直到冯玉祥满意了，才叫他离开。

勤务兵走后，冯玉祥的部下问，为什么那样尊敬老舍先生？冯玉祥告诉他，平时工作之余，常好写诗。一开始，他写了诗请工作人员看，给他的诗提意见，自己还给这些诗起个名叫"丘八诗"（"丘""八"是"兵"字的分体字），因为他是军人。后来工作人员建议他请位作家指教指教。这样，他就认老舍作了自己的老师，每次写完诗都拿去请老舍看看。这样，他的诗逐渐有了进步。他的部下这才明白他尊敬老舍的原因。

一辆车开进来，勤务兵先跳下，然后把后门打开，手扶车门，请老舍先生下了车。勤务兵让出路，把老舍先生请了进来。

冯玉祥赶忙迎上前，给老舍先生敬了个军礼，然后和勤务兵一左一右，陪伴着老舍先生进了屋。

边走，冯玉祥边重复他要勤务兵说的那句话："我今天实在离不开，不然……"

老舍接过话，说："方才勤务兵说了，您要等一个朋友。"

冯玉祥看了勤务兵一眼，勤务兵轻轻松了口气。

冯玉祥把老舍让到椅子上坐下，自己坐在下首，勤务兵端来茶水。这时，冯玉祥才满意地冲勤务兵点点头，说："你先歇着去吧。"

◼心灵物语

冯玉祥虽然是军阀，却千叮咛、万嘱咐地告诫自己的勤务兵，要如何礼貌地对待老舍老师，足见冯玉祥对老师的尊敬和对教育的重视。

◼史海钩沉

冯玉祥的幽默

抗日战争时期，冯玉祥居住在重庆市郊的歌乐山。当地多为高级军政长官的住宅，普通老百姓是不敢担任保长的，因此冯玉祥便自荐当了保长。他热心服务，颇得居民的好评。

有一天，某部队的一连士兵进驻歌乐山，连长就来找保长办官差，借用民房，借桌椅用具，因不满意而横加指责。当时，冯玉祥见连长发火，忙弯腰深深一鞠躬，说："大人，辛苦了！这个地方住了许多当官的，差事实在不好办，临时驻防，将就一点儿就是了。"

连长一听，大怒道："要你来教训我！你这个保长架子可不小！"

冯玉祥微笑回答："不敢，我以前也当过兵，从来不愿打扰老百姓。"

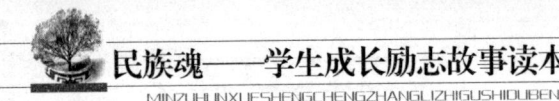
连长问："你还干过什么？"

"排长、连长也干过，营长、团长也干过。"

那位连长听了，忙起立，然后略显客气地问："你还干过什么？"

冯玉祥依然不慌不忙，面带微笑说："师长、军长也干过，还干过几天总司令。"

连长仔细观察了半天这个大块头，突然如梦初醒，双脚一并："您是冯副委员长？部下该死，请副委员长处分！"

冯玉祥还是再一鞠躬，说："大人请坐！在军委会我是副委员长，在这里我是保长，理应侍候大人。"

几句话说得这位连长诚惶诚恐，无地自容，匆匆离开。

文苑荟萃

临时执政

临时执政是一个官名。民国十三年（1924年）11月24日至十五年（1926年）的4月20日，段祺瑞任此职。当时，在第二次直奉战争直系失败、大总统曹锟退位之后，这一职务主要由各派军阀协商担任。

临时执政的职权原本集总统与国务总理于一身，后来虽然增设了国务总理，但仍由段氏控制。"三一八"惨案（执政府卫兵枪杀请愿学生）后，段祺瑞被冯玉祥驱逐下台。

第二篇
为人师表 爱生如子

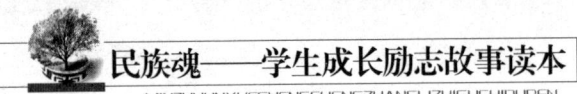

 # 华佗隐姓埋名拜师

华佗（约145—208年），东汉沛国谯县（今亳州市）人，字元化，三国时期著名医学家。少时曾在外游学，钻研医术而不求仕途。精通内、妇、儿、针灸各科，外科尤为擅长，行医足迹遍及安徽、山东、河南、江苏等地。他曾用"麻沸散"使病人麻醉后施行剖腹手术，是世界医学史上应用全身麻醉进行手术治疗的最早记录。又仿虎、鹿、熊、猿、鸟等禽兽的动作创作名为"五禽之戏"的体操，教导人们强身健体。后因不服曹操征召被杀，所著医书已佚。今亳州市有"华佗庵"等遗迹。

华佗是汉代著名医学家。他精通内、外、妇、儿、针灸各科，对外科尤为擅长。华佗成了名医以后，来找他看病的人很多。

一天，来了一个年轻人，请华佗给他看病。华佗看了看说："你得的是头风病，药倒是有，只是没有药引子。"

"得用什么药做药引子呢？"

"生人脑子。"

病人一听，吓了一跳，上哪去找生人脑子呢？只好失望地回家了。

过了些日子，这个年轻人又找了位老医生，老医生问他："你找人看过吗？"

"我找华佗看过，他说要生人脑子做药引子，我没办法，只好不治了。"

老医生哈哈大笑，说："用不着找生人脑子，去找十个旧草帽，煎汤喝就行了。记住，一定要找人们戴过多年的草帽才顶事。"

年轻人照着去做，果然药到病除。

有一天，华佗又碰到这个年轻人，见他生龙活虎一般，不像有病的样子，于是就问："你的头风病好啦？"

"是啊，多亏一位老先生给治好了。"

华佗详细地询问了治疗经过，非常敬佩那位老医生。他想向老医生请教，把他的经验学来。他知道，如果老医生知道他是华佗，肯定不会收他为徒。于是，他装扮成一名普通人的模样，跟那位老医生学了三年徒。

一天，老师外出了，华佗同师弟在家里煎药，门外来了一位肚子像箩、腿粗像斗的病人。病人听说这儿有名医，便跑来求治。

老师不在家，徒弟不敢随便接待，就叫病人改天再来。病人苦苦哀求道："求求先生，给我治一下吧！我家离这儿很远，来一趟不容易。"

这时，华佗见病人病得很重，不能拖延，就说："我来给你治。"说着，拿出二两砒霜交给病人说："这是二两砒霜，分两次吃。可不能一次全吃了啊！"

病人接药，连声感谢。

病人走后，师弟埋怨道："砒霜是毒药，吃死了人怎么办？"

"这人得的是臌胀病，必须以毒攻毒。"

"治死了谁担当得起？"

华佗笑着说："不会的，出了事我担着。"

那个大肚子病人拿药出了村，正巧碰上老医生回来了，病人便走上前求治。老医生一看，说道："你这病容易治，买二两砒霜，分两次吃，一次吃有危险，快回去吧！"

病人一听，说："二两砒霜，你徒弟拿给我了，他叫我分两次吃。"

老医生接过药一看，果然上面写得很清楚，心想：我这个验方除了护国寺老道人和华佗，还有谁知道呢？我没有传给徒弟呀？

回到家里，他问两个徒弟："刚才大肚子病人的药是谁开的？"师弟指着华佗说："是师兄。我说这药有毒，他不听，逞能。"

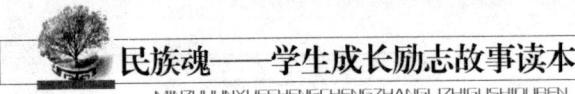
华佗不慌不忙地说:"师傅,这病人得的是臌胀病,用砒霜以毒攻毒,病人吃了有益无害。"

"这是谁告诉你的?"

"护国寺老道人,我在那儿学了几年。"

老医生这才明白过来,他就是华佗,连忙说:"华佗啊,你怎么到我这儿来当学徒啊?"

华佗只好说出求学的理由。

老医生听完华佗的话,一把抓住他的手说:"你已经名声远扬了,还到我这穷乡僻壤来吃苦,真对不起你呀!"

老医生当即把治头风病的单方告诉了华佗。

■心灵物语

正因为华佗敬佩、尊重老先生,他才肯隐姓埋名、谦虚求学。这就是尊师重道的体现啊!古往今来,大智者,虽然博学多才,仍虚心好学,以长为师;不仅重视学业的进步,更重视自己品德和意志的修养。

■史海钩沉

华佗巧医郡守

东汉时期,有个郡守患了疑难杂症,找了很多医生都没有医好,于是郡守的儿子就来请华佗,并向华佗陈述了父亲的病情,苦求救治。

华佗来到郡守的居室,询问之中言语轻慢,态度狂傲,而且要了很高的医药费,结果拿到钱后,不但不给治疗,还留下一封书信谩骂郡守。

郡守为了治病,原本已强忍再三,结果发现华佗不仅骗了他,还大骂他一通,勃然大怒,派人追杀华佗,最终也没有寻到华佗的踪迹。愤怒之下,郡守吐了数升黑血,结果沉疴顿愈。原来,这是华佗使用的一种心理疗法,利用喜、怒、忧、思等情志活动来调理患者的肌体,以愈其疾。

□文苑荟萃

华 佗

佚 名

仓公扁鹊华佗继，谯郡沛国出圣医。

拷死曹瞒冤枉狱，青囊遗卷也焚泥！

吴道子教李白学艺

吴道子（约680—759年），唐代画家。画史尊称吴生，又名道玄，汉族，阳翟（今河南禹州）人。少孤贫，初为民间画工，年轻时即有画名。曾任兖州瑕丘（今山东滋阳）县尉，不久即辞职。后流落洛阳，从事壁画创作。开元年间以善画被召入宫廷，历任供奉、内教博士、宁王友。曾随张旭、贺知章学习书法，通过观赏公孙大娘舞剑，体会用笔之道。擅佛道、神鬼、人物、山水、鸟兽、草木、楼阁等，尤精于佛道、人物，长于壁画创作。

　　吴道子继承发扬了前辈的绘画技艺，所画的道教之祖老子、庄子采用独创的凹凸设色法，观者走动时可见道祖神采飞扬、开口说话、转喉眨眼、鼓唇摇舌；还有佛像、神鬼、禽兽、山水、台殿、草木、人物，皆冠绝于世，豪放生动。他的传世名画《送子天王图》全不设七彩艳色，纯以墨色线条描绘，画面线条圆润，静物层次分明，人物飞奔欲出，转目视人，达到登峰造极的境界。他在洛阳景公寺画的《地狱变相图》，更是生动地表达恶人死后进地狱的种种惨状，见者无不毛骨悚然，脊背冰冷，使许许多多盗贼屠渔之类纷纷惧罪改行，不敢再杀生。

　　吴道子自幼父母双亡，家徒四壁，却爱好绘画，4岁时所画的画便颇具雏形。他的才华被恩师司马子微发现后，便引导他由画入武，精通天台七艺。吴道子遵照师命，云游四海，行道江湖，访求资质淳朴、颖悟绝伦的天才儿童入门，代师授艺。吴道子为人刚柔相济，循循善诱，引领童年的李白由画入门，妙趣横生。

吴道子还精通音律，带来了师父司马子微最心爱的绿绮古琴。吴道子谈笑风生、循循善诱，引导李白灵巧地弹拨著名的绿绮古琴，发出高山流水的泉水叮当音律；既可激发兴趣，又能产生效果，李白自然学得突飞猛进，于是精通世间名曲。吴道子与李白时时爆发出欢声笑语。

吴道子笑道："练武必先练内功，修炼内功有秘诀。天台派的内功秘诀是月中魄九层。你见过月亮里面宁静的树形暗影吗？练功要对天上银河星移斗转、日新月异的变化了如指掌，对人的种种思想和动作变化也能了然于胸，压倒一切敌人！"

不出三年，李白的绘画不求形似，却已获吴道子的精髓；李白的武功、琴艺也由此而打下基础，初露锋芒。

□心灵物语

吴道子精通琴画武功，在教育方面也有很深的造诣。绘画方面循循善诱，刚柔并济，与李白谈笑风生间便使李白的功力突飞猛进。练武必先练内功，将人的种种思想动作了然于胸，方能压倒一切。只有以最适合学生的方法进行教育，才能培育出伟大的人物。

□史海钩沉

"得意无出于此"

吴道子入宫后，便经常在宫中作画，有时也随唐玄宗巡游各地。

有一次，吴道子随唐玄宗去东都洛阳，会见了将军裴旻和书法家张旭，三人各自表演了自己的绝技：裴旻善于舞剑，当即舞剑一曲；张旭长于草书，挥毫泼墨，作书壁；吴道子也奋笔作画，"俄顷而就，有若神助"。洛阳士庶，一时大饱眼福，人们都高兴地说："一日之中，获睹三绝。"

后来，裴旻将军居母丧，请吴道子于东都天宫寺画神鬼像数壁，"以

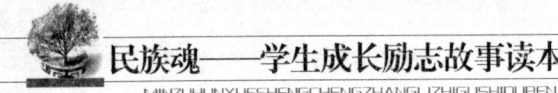
资冥助"。吴道子回答说:"废画已久,若将军有意,为吾缠结,舞剑一曲,庶因猛励,获通幽灵。"

裴旻听了,便脱去缞服,如平时装束,走马如飞,剑在手中"左旋右抽",忽地将剑抛向高空,距地面有数十丈,落地如电光下射。裴旻举起剑鞘,不左不右,正好插入鞘内。观者数千人,齐声喝彩。

吴道子看了裴旻的舞剑英姿,一时灵感大发,于是挥毫作画,"飒然风起,为天下之壮观"。这是吴道子一生的杰作,"得意无出于此"。

□文苑荟萃

关于吴道子的传说

在《卢氏杂记》中,记载了这样一个故事。

有一次,吴道子去访问某个僧人,想要讨一杯茶喝。可是这个僧人对吴道子不太礼貌,吴道子感到很气愤,随即请来笔砚,在僧人房间的墙壁上画了一头驴,然后愤然离去。

不料一天晚上,吴道子画的驴变成了真驴,而且恼怒异常,满屋地尥蹶子,把僧人房间的家具等物品都给践踏得乱七八糟,一片狼藉。这时,僧人才知道是吴道子所画的驴在作怪,只好去恳求他,请他把壁上画涂抹掉。吴道子将墙壁上的驴子涂掉后,果然相安无事了。

画上的驴变成了真的,这肯定是一种神奇的传说了,但也反映了吴道子画动物所具有的传神之笔。

 # 岳飞随周侗学文武

　　周侗（1040—1119年），陕西华州潼关人，人称"陕西大侠铁臂膀周侗"。少年习武，相传为三国姜维的传人，后拜少林派武师谭正芳为师，得少林武术真传，且文武全才。成年后得到当时地位显赫的包拯赏识，进入军中为军官，后担任京师御拳馆教师。御拳馆有天、地、人三席，周侗为"天"字教师，地位最尊，和朝中名将宗泽交好，谭正芳最小的徒弟，后来梁山好汉病尉迟孙立就是得周侗引荐给宗泽，担任了登州兵马都监。他还有一个师弟，就是祝家庄的武术教师栾廷玉，后来孙立就是利用了这层关系打入祝家庄内部。

　　岳飞，字鹏举，南宋时大将，著名的抗金英雄。他率领的岳家军屡胜入侵的金军。

　　岳飞小时候家境贫穷，上不起学。他家隔壁是村里三个员外合办的学馆，文武双全的周侗就在这个学馆里教书。

　　岳飞仰慕周先生的学识，每天将凳子垫了脚，趴在墙头上听周先生讲学。

　　一天，周先生出去了，临行之时给学生王贵、张显、汤怀三人出了一个作文题。

　　趴在墙头上的岳飞心里想道：先生既已出门了，我何不到馆中看看？于是，他绕道走进了学馆。没想到，被王贵一把扯住，说："张哥、汤弟，他就是岳飞，我爹常夸他聪明。先生给我们出了文章题目，我们哪有心情去写，何不请他代笔！"

张、汤两人说："有理！"

岳飞说："怕我写的不中先生意！"

"休要太谦！你肚中饥饿，抽屉里有点心！"王贵怕岳飞跑了，把书房门反锁起来，王、张、汤三人便跑出去玩耍了。

岳飞坐在凳子上，依照三人的语气写了三篇文章。然后，他又翻看周先生写的文章，不禁拍案叫绝："我岳飞若得周先生教诲，何愁不能成才？"

正在这时，只见王贵、张显、汤怀三人风风火火地跑了回来，说："不好了！快走！先生回来了！"

岳飞慌忙离开书馆回了家。

周先生回馆，检查三个学生写的文章，逐篇看过，文理皆通，与往日写的文章大不相同。周先生很纳闷儿：三个学生的学问怎么骤然长进了许多？他严肃地盘问三个学生："刚才何人来过？是谁人为你们代笔？"

三人开始还在抵赖，被先生盘问不过，只得把岳飞来馆代笔的经过招了出来。

周侗大喜，命令王贵将岳飞请来。

岳飞惴惴不安地来到馆中，拜见过周先生，说："小子年幼无知，一时狂妄，望先生恕罪。"

周先生问："你师从何人？"

"无师，是跟家母学的。"

周侗连忙说："快请令堂大人来馆！"

岳飞回家请来了母亲。这时，三个员外和他们的夫人也来到了学馆。

周先生对岳母说："令郎今后必成大器。玉不琢，不成器，我欲收令郎为徒，愿将平生所学教他！"

岳母大喜，岳飞也连忙跪拜于地："恩师在上，受学生一拜！"

从此，岳飞跟周侗学文习武，视先生为义父。周侗把十八般武艺尽数传授给他，他的学问也大有长进。

不料，周先生年事已高，不久后便偶感风寒，一病不起，竟溘然长逝。

岳飞十分悲痛，同王贵、张显、汤怀将恩师安葬在沥泉山旁。岳飞

在坟侧搭个芦棚，他居住在棚内为恩师守墓。

后来，岳飞没有辜负周先生的期望，成了国家的栋梁之材，当上了率领千军万马的大将军。入侵的金军一见岳家军，皆望风而逃。时有民谚说："撼山易，撼岳家军难！"

■心灵物语

周侗欣赏岳飞的才学，收岳飞为徒，并将自己平生所学全部传授给岳飞，培养了岳飞，从而使岳飞成为国家的栋梁之材。由此可以看出周侗非常崇尚教育，而岳飞在恩师死后，搭棚守墓的行为，足见其对于老师的尊敬之情。

■史海钩沉

周侗的徒弟武松

岳飞的恩师周侗还有一位知名徒弟，就是武松。

原来，武松在打虎之后，县令孙国卿为了巴结权贵，便派武松将虎骨膏送到京师给高官。武松在滞留京师期间，便结识了周侗。

周侗认为，武松虽然力气大，但是在拳术上缺少修为，因此对其加以指点。可惜的是，两人交往时间太短，仅仅两个月，武松便拜别周侗回乡了，此后再也没有相见。

武松在拳术武术上的不足，此前曾多次暴露，比如斗杀西门庆、拳打蒋门神等，都曾经吃过亏。但是，他自从跟随周侗入御拳馆学习后，大长见识，因此西门庆在狮子楼摆出金猫捕鼠的凶险步子时，武松虽然不知破法，却知道这个步法很厉害。同时，周侗传授给武松的鸳鸯腿也是武松的撒手锏。这一手奇特的武功后来被武松传授给了好友金眼彪施恩，也成了施恩的看家功夫。

■文苑荟萃

满江红

（宋）岳 飞

怒发冲冠，凭栏处、潇潇雨歇。

抬望眼，仰天长啸，壮怀激烈。

三十功名尘与土，八千里路云和月。

莫等闲、白了少年头，空悲切。

靖康耻，犹未雪；臣子恨，何时灭？

驾长车，踏破贺兰山缺。

壮志饥餐胡虏肉，笑谈渴饮匈奴血。

待从头，收拾旧山河，朝天阙。

尊师重教故事

康熙启用传教士为师

康熙（1654—1722年），满族，全名爱新觉罗·玄烨，清朝第四位皇帝，为世祖顺治帝第三子。康熙六年（1667年）亲政。在位时期，智擒鳌拜，剿撤三藩，南收台湾，北拒沙俄，签订了《尼布楚条约》，西征蒙古，兴修水利，治理黄河，鼓励垦荒，薄赋轻税，爱民如子。康熙好学敏求，勤于政事，雄才大略，崇尚节约。在位61年，由于他的文治武功，清朝多民族统一的局面得到巩固发展，出现"康乾盛世"的繁荣，开创了封建社会的另一黄金时代。

　　康熙皇帝玄烨，在清代诸帝中数得上是很有作为的，但他的文治武功实得力于勤奋好学，故史家们誉之为好学皇帝。

　　康熙八岁登基，作为清入关的第二位皇帝，深知年幼无知，必须把读书学习作为治国平天下的头等要事。据《康熙政要》载，康熙学习十分勤奋且认真，"日所读书，必使字字成诵，从来不肯自欺"，并努力从书中"体会古帝王孜孜求法之意"。康熙七年（1668年），他采纳了大臣熊赐履的建议，讲学勤政并举，实行经筵与日讲两种讲学制度。经筵在文华殿举行，日讲则设在乾清宫，或弘德殿与懋勤殿。

　　在老师讲课时，康熙不仅认真听讲，而且主张"互相阐发"，因为只有这样，"方解融会义理，有裨身心"，"有裨实学"。讲完课后，他总是将讲授的内容反复琢磨，一定要求得道理明彻才罢休。在繁忙的政务中，他也是抓紧一切可以利用的时间披阅典籍，常常天未放亮就起床苦

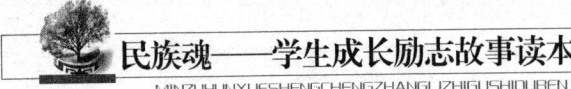

读，晚上也常读至深夜，寒暑不辍，风雨无间。

康熙十三年（1674年），清军镇压三藩叛乱，军务倥偬，大臣提出隔日进讲，但他驳回了大臣的请求，"仍为日进讲"。在八年的平乱战争中，无论春夏秋冬，经筵与日讲都坚持不懈。由于他勤奋学习，所以他对中国古典文化有较深广的了解。加上教他的讲官如熊赐履、李光地、叶方蔼、高士奇、张伯行等人，都是当时的大学者，所以他所学习的内容十分丰富，如传统的四书五经、历朝典章、《二十四史》以及诸子百家之书，他对这些都有较深的理解。

康熙有了经史之学的基础，开始把学习范围扩大到西方传教士带来的西方自然科学，如数学、天文学、地理学、药理学、解剖学、拉丁文、音乐理论、欧洲哲学等。他学习自然科学，其动因在于政治需要。康熙初年，出现了一场历法之争，学者之间互相评告，至于死者不知其数。这场历法之争实际上是一场政治斗争。

当时，因举朝无有知历法者，这使康熙感到了问题的严重性。于是，"凡万几余暇，即专制于天文历法二十余年"。为了弄清历法，他把传教士南怀仁召至宫中，让他做一名有别于熊赐履、叶方蔼等人的"讲官"。之后，又陆续聘用葡萄牙的徐日升，法国的白晋、张诚，意大利的闵明我、德理格等到宫中充任内廷行走，为他进讲西方科学。

据法国传教士白晋给法国国王路易十四的报告中讲：康熙每天都召见他们进宫讲授西方科学。他听讲十分认真，重复所讲内容，自己动手画几何图，并向他们提出感到有困惑的任何问题。为了记住几何定理的推理步骤，他经常温习几何定理。在半年的时间里，就掌握了几何学，能够立刻说出他所画的几何图形的定理及其证明过程。对传教士说，《几何原本》他至少读了二十遍。他以极大的兴趣学习西方科学，每天除听课外，晚上还要自学，起早贪黑，往往在传教士到达讲课地点之前就做好了听课的准备，一见到传教士就向他们求教，帮助纠正他做过的习题，和问一些新问题。传教士张诚在其日记中记述康熙学医的情况：

"……皇上在这次谈话中得知我们已经写出了一些材料，放在我们书房里，他便派御前的一个太监随我们去取。这份论述消化、营养、血

8

液变化和循环的稿子，虽然尚待完成，但我们已经画出一些足以使人领会的图例。皇上仔细翻阅，特别关于心、肺、内脏、血管等部分。他还拿起稿子与一些汉文书籍上的有关记述互相对比，认为两者颇为相近。"

自古帝王尊师求师者有之，像康熙这样打破传统观念，专心致志地学习自然科学，而且是向外国人学习，却是罕见的。

康熙不仅善于学习西方自然科学，而且也注重对中国自然科学遗产的继承和总结，以图社会实践的应用。他说："朕平时读书穷理，总是要讲求治道，见诸实行，不徒空言"，"学问无穷，不在徒言，惟当躬行实践方有益于所学"。由于他讲求学以致用，所以在自然科学方面做出了卓越的成绩。

首先，他组织编纂了《律历渊源》。在《庭训格言》中，康熙叙述了学习数学和整理数学遗产的良苦用心：

"朕幼时，钦天监汉官与西洋人不睦，互相参劾，几至大辟。杨光先、汤若望于门外九卿前，当面睹测日影，奈九卿中无一知其法者。朕思已不知，焉能断人之是非，因自愤而学焉。今凡入算之法，累辑成书，条分缕析，后之学此者，视此甚易，谁知朕当日苦心研究之难也。"

在学习西方自然科学的过程中，康熙深知数学是天文、地理、测绘、水利等学科的基础，因此在南怀仁、白晋、张诚等人的辅导下，先后学习了欧几里得的《几何原本》、巴蒂斯的《实用和理论几何学》以及代数、三角、对数等几种数学科目，并命张诚等人陆续翻译和编纂了《几何原本》《比例规解》《测量高远仪器》《八线表根》《借根方算法解要》等十几种满汉数学书籍。

在学习西方数学的过程中，他发现中国传统数学著作有不少成就先于西方，但在元代以后有的失传。为了整理中国数学的成就，并把西方自然科学加以系统化，于康熙五十二年（1713年）兴办算术馆，地点设在畅春园蒙养斋，召集中国数学人才如梅钰成、陈厚耀、何国宗、明安图等人，根据算术馆教学的需要，由皇三子允祉负责组织编纂大规模的天文、数学、乐理丛书《律历渊源》。康熙不仅亲自拟定编辑方案，而且还把自己数十年积累的算稿拿出来作为编纂数学部分的资料。

其次，康熙还组织测绘了《皇舆全览图》。在西方传教士南怀仁的影响下，他对地理学产生了兴趣，一边学习《西方要纪》，了解世界地理知识；一边学习中国传统地理著作，如《水经注》《洛阳伽蓝记》《徐霞客游记》等，同时还在出巡、征战等机会中，进行实地的天文地理考察。他先后派人考察了长江、黄河、黑龙江、金沙江、澜沧江，组织了一次大规模的全国地图勘测。为了实地考察地理，他精心组织了以西方传教士为主体的测绘技术队伍，经过十几年的培训，一部分技术人员是由张诚等人培训的中国学生。

康熙不仅重视人才培养，而且还向西方采办测绘仪器。康熙四十七年（1708年），他传谕进行全国地图测绘。这支测绘队伍走遍了东南西北中各省，绘制了一幅幅各省地图。康熙五十六年（1717年），全国地图的测绘大功告成。他亲自命之为《皇舆全览图》。它采用经纬图法，梯形投影，比例为1：4000000，是我国第一次经过大规模实测，用科学方法制出的地图，也是亚洲当时所有地图中最好的一份，而且比当时的所有欧洲地图都好且精确。《皇舆全览图》的测绘，在世界地理学史上是一件大事。

最后，康熙还注重科技的应用，在培育优良稻种以及气象、医学方面多有建树。据记载，康熙亲自考察过二十余种植物，对某些植物、土壤及栽培技术进行过调查研究，并做了一些有效的实验。

如康熙在南巡时，发现农民运载猪毛和鸡毛到用泉水浇灌的稻田，以提高水温，促使稻子早熟。于是他回京后采用这种方法在玉泉山稻田搞试验，结果使稻早熟丰收。他曾经在西苑丰泽园开辟了一片水田，一年六月他偶尔发现有一棵稻子早熟且颗粒饱满，于是他亲自采折下来作为种子，在次年进行试验，结果在六月成熟。这种稻米颗粒细长，颜色微红，香甜可口。于是他下令年年播种，以致康熙朝几十年间宫中帝后们都食这种稻米。他将此稻命名为"御稻"，后在江宁、苏州等地推广。

康熙还注重气象勘测。据《清实录》载，他曾组织大面积的气象勘测，"令直隶各省，凡起风下雨之时一一奏报。见有京师于是日起西北风，而山东于是日起东南风者"。对于雷声的传播范围，他也组织人们进行勘测，方知霹雳仅传七八里。不仅如此，他还将雷声与炮声的传播距离进行了比较。这对于辨别雷、炮声以利于正确判断军情，很有实际意义。

在医学实践方面，康熙研究过药理、养生之道及人体解剖等。由于他对医学颇有研究，以致能常给臣下开方治病。他相信西方传来的西药。如康熙五十一年，江南织造曹寅患疟疾，他派人星夜驰送金鸡纳（即西药奎宁），并嘱咐用药的要求。由于他相信医学，所以他对江湖术士的所谓养身之道嗤之以鼻，并告诫后人："凡世上之术士，但欺诳人而已矣。"

■心灵物语

康熙作为一代帝王，以治国平天下为己任，尊师好学，并抛弃民族国界的偏见，大胆以西方传教士为师，学习和研究西方自然科学，并把它们应用于实际，这对于清朝初期实学的提倡与推广起到了重要的作用。

■史海钩沉

乌兰布通之战

康熙二十七年（1688年），噶尔丹亲率骑兵三万自伊犁东进，进攻喀尔喀，占领了整个喀尔喀地区。喀尔喀三部首领仓皇率逃往漠南乌珠穆沁（今内蒙古乌珠穆沁旗）一带，并向清廷告急，请求保护。

康熙帝闻讯后，一面将喀尔喀三部安置在科尔沁（今内蒙古科尔沁旗）放牧，一面责令噶尔丹罢兵西归。但噶尔丹气焰嚣张，置之不理，反而率兵乘势南下，深入乌珠穆沁境内。

对于噶尔丹的猖狂南犯，康熙帝一面下令就地征集兵马，严行防堵；一面调兵遣将，准备北上迎击。

康熙二十九年（1690年）六月，康熙御驾亲征，兵分两路出击噶尔丹：

左路军出古北口（今河北滦平南），右路军出喜峰口（今河北宽城西南），从左右两翼迂回北进，准备在乌珠穆沁地区消灭噶尔丹军。

康熙亲临博洛和屯（今内蒙古正蓝旗南）指挥，同时令盛京将军（治所今辽宁沈阳）、吉林将军（治所今吉林市）各率所部兵力，西出西辽河、洮儿河，与科尔沁蒙古兵会合，协同清军主力作战。右路军则北进至乌珠穆沁境遇噶尔丹军，最终交战不利南退。噶尔丹乘势长驱南进，渡过沙拉木伦河，进抵乌兰布通。

这时，清左路军也进至乌兰布通南，康熙急令右路军停止南撤，与左路军会合，在乌兰布通合击噶尔丹。同时又派兵进驻归化城（今内蒙古呼和浩特），伺机侧击噶尔丹的归路。

乌兰布通位于克什克腾旗（今内蒙古翁牛特旗西南）之西。该地北面靠山，南有高凉河（沙拉木伦河上游的支流），地势险要。噶尔丹背山面水布阵，将万余骆驼缚蹄卧地，背负木箱，蒙以湿毡，摆成一条如同城栅的防线，谓之"驼城"，令士兵于驼城之内，依托箱垛放枪射箭。清军则以火器部队在前，步骑兵在后，隔河布阵。八月初一中午，双方的交战开始。

清军首先集中火铳火炮，猛烈轰击驼阵，自午后至日落，将驼阵轰断为二，然后挥军渡河进攻，派步兵从正面发起冲击，又以骑兵从左翼迂回侧击，噶尔丹大败，仓皇率全部军队撤往山上。

次日，噶尔丹遣使向清军乞和，乘机率残部夜渡沙拉木伦河，狼狈逃窜，逃回科布多（今蒙古吉尔噶朗图）时只剩下数千人。

■文苑荟萃

《古今图书集成》

《古今图书集成》原名为《文献汇编》，或称《古今图书汇编》，原为康熙的皇三子胤祉奉康熙之命与侍读陈梦雷等编纂的一部大型类书，由康熙皇帝钦赐书名，雍正皇帝写序。为此，《古今图书集成》也冠名为"钦定"。

该书的编撰工作开始于康熙四十年（1701年），印制完成于雍正六年

（1728年），历时两朝28年，采集广博，内容丰富，正文一万卷，目录40卷，共分为5020册，520函，42万余筒子页，1.6亿字，内容分为6汇编、32典、6117部。

全书按天、地、人、物、事次序展开，规模宏大，分类细密，纵横交错，举凡天文地理、人伦规范、文史哲学、自然艺术、经济政治、教育科举、农桑渔牧、医药良方、百家考工，等等，无所不包，图文并茂，因而也成为查找古代资料文献十分重要的百科全书。

由于此后的《四库全书》受清文字狱的影响，大量的书籍被列为禁书，遭到了销毁删改，因此收书不全，错漏甚多。而成书时间较早的《古今图书集成》则收录了《四库全书》中不收或未曾收录的典籍，还包括康熙晚年所出的律令、方志等内容。

被称为"古代百科全书"的《古今图书集成》与《永乐大典》《四库全书》并列为中国古代三部皇家巨作。相比于《古今图书集成》，成书于明朝的《永乐大典》属于类书，但因毁于清末八国联军的战乱，现存不足百分之四；成书于清乾隆年间的《四库全书》属于现存最大的丛书；成书于清雍正年间的《古今图书集成》由于有国家图书馆至今保存完好的雍正版内府铜活字本，因此也成为现存规模最大、保存最完整的类书。

作为"类书之最"，《古今图书集成》也成为我国铜活字印刷上卷帙最浩繁、印制最精美的一部旷世奇作。

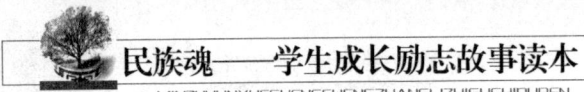
徐特立提倡"爱生如子"

徐特立（1877—1968年），原名懋恂，字师陶。湖南善化（今长沙县江背镇）人。中国革命家和教育家，是毛泽东和田汉等著名人士的老师。1911年参加辛亥革命，1927年加入中国共产党，同年8月参加南昌起义。1931年11月，当选为中华苏维埃共和国中央执行委员会委员。1934年参加长征。新中国成立后，曾任中央人民政府委员会委员。

1924年，中国著名教育家、毛泽东的老师徐特立任长沙女子师范学校校长。不久，他就在办公室的前廊上挂出一块黑板，上面既不贴公文告示，也不写校内简讯，每天一大早，徐老就要在黑板上题诗一首，对学生们进行思想教育。下面这首诗便是这一情形的生动写照："早起亲书语数行，格言科学及词章。为便诸生一浏览，移来黑板挂前廊。"

徐老常说："教育学生不应该用强制手段，更不应该有粗暴的态度。中国古代温柔敦厚的诗教，今天学校教育中还是用得着的。"从此，黑板题诗成了他每天必不可少的日常工作和对学生进行品德教育的重要手段。

徐特立对学生体贴入微、关怀备至，学校师生曾送他"外婆"的尊称。每晚9点，熄灯铃响了后，他总要手提马灯，和女训育员轻步巡视学生寝室。当他发现有的学生熄灯后还叽叽喳喳地聊天时，第二天就在黑板上写道：

> 脚尖踏地缓缓行，深恐眠人受我惊。
> 为何同学不相惜，不出嘻声即足声？

还有一次，徐老发现高年级学生单秀霞约了另一位同学，在熄灯后偷偷跑到厕所旁的路灯下，为她的未婚夫织毛衣，还边织边悄声交谈。他理解她们的一片痴情，甚为怜爱，唯恐吓到这两位女学生，只是在门外细声细气地说道："这么晚了，也该睡了吧！"两位女学生一听，相互吐了吐舌头，悄悄回去就寝了。

第二天，她们以为校长一定会严厉地批评她们一顿，谁知徐校长并未对她们训斥，只是在黑板上写了两首诗规劝：

昨夜已经三更天，厕所偷光把衣编。
爱人要紧我同意，不爱自己我着急。
东边奔跑到西边，不仅打衣还聊天。
莫说交谈声细细，夜深亦复扰人眠。

单秀霞和她的同学见此诗后，深受感动，主动到校长室承认她们不遵守学校作息制度的错误。

徐特立生活简朴，办校也力循勤俭方针。他常以晋代陶侃收藏竹头、木屑的故事教育学生爱惜公物。教师授课时用过的粉笔头，他常常拣来放在衣袋中，遇到他代课和写黑板诗时，就拿出来用。他在学校的近两年中，几乎没有用过新粉笔。有的学生笑他吝啬，他在黑板上写诗作答：

半截粉笔犹爱惜，公家物件总宜珍。
诸生不解余衷曲，反谓余为算细人。

后来，学生练习板书时，也自觉地像徐老那样，拣粉笔头用。

当时女子师范创办不久，社会上有一种论调，说女子智力低下，不如男子。因此，有个别学生经不起外界压力，中途辍学。但徐特立发现十二、十三两个班的女同学学习成绩较好，尤其是数学成绩尤为突出。他抓住这个典型写了一首诗加以勉励：

女儿智力何曾弱，十二三班作例观；

学算刚刚三载半，几何三角一齐完。

徐特立在长沙女子师范任职不到两年，总共写下百余首黑板诗，集名为《校中百咏》。如：

人人共道伯箴强，一跃先登上女墙。

倘使女儿皆若辈，立将衰弱转强梁。

这首诗就是他一次带领学生踏青郊外，见女学生丘伯箴奋勇跃上城墙，大有男子气概，写下的赞美之词，借以鼓励其他女学生注意锻炼身体。

当他得知学生因饭菜不合口味，赌气打烂了厨房的一篮子碗后，婉转地用诗提出批评：

我愿诸生青出蓝，人财物力莫摧残。

昨宵到底缘何事，打破厨房碗一篮。

他还亲自到厨房视察，为改善学生伙食而出谋献策。

徐老常喜欢到玉泉街上的旧书店用极少的钱买回一些有用的书。

一天，徐特立到旧书店，发现有一本化学教科书，封面上盖有学校的图章，猜想是有人从学校偷出来寄卖的。于是，他把该书买回，在校内展出，并写下这样的诗：

社会稀糟人痛恨，学生今日又何如？

玉泉街上曾经过，买得偷来化学书。

以此来告诫学生要做一个正直的人。

■心灵物语

款款爱生情，更显人之品格！徐特立提倡"爱生如子"的教育方式，是他一生坚持的教育思想，在今天仍然值得借鉴。

■史海钩沉

徐特立的断指壮举

1907年，发生了清政府向外国屈辱妥协的事情。徐特立闻讯后，十分气愤，便在长沙修业学校向师生员工作时事报告。当讲到帝国主义对中国的野蛮侵略，讲到软弱无能的清政府不能保护主权和人民，讲到中国的老百姓被欺侮、被屠杀……激昂悲愤之时，他拍案捶胸，声泪俱下。

忽然，徐特立猛地一个转身，跑到厨房取来一把菜刀，当着师生们的面，"砰"的一声砍断了自己左手的一节手指，顿时鲜血淋漓，溅染衣衫。

接着，他又用断指在白纸上写下八个血字：驱除鞑虏，恢复中华。

当时听着徐特立演说的青年顿时感到热血沸腾，群情激昂，呼声雷动。徐特立的断指壮举，很快便传遍了长沙。

■文苑荟萃

徐特立语录

一、人人都希望过幸福的生活，战胜困难也应当人人尽力。

二、交朋友是可以产生伟大的力量的。

三、浪费时间就是自杀，尤其是浪费休息的时间，直接威胁着生命。

四、不动笔墨不读书。

五、想不经受任何挫折而成长起来，那是神话。

六、我从来不知道什么是苦闷，失败了再来，前途是自己努力创造出来的。

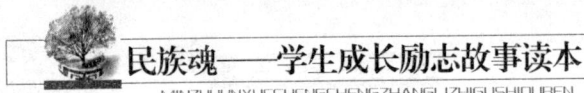
 # 程俊英不忘恩师李大钊

> 程俊英（1901—1993年），1922年毕业于北京女子高等师范学校国文部，著有《中国大教育家》《诗经译注》《诗经漫话》，参加《资治通鉴长编》标校整理。

　　几十年来，程俊英一直珍藏着与李大钊先生的合影照片，怀念自己最伟大的老师。

　　李大钊先生在女子师范学校讲社会学和女权运动史，把课堂作为宣传马克思主义的阵地，慷慨激昂地阐述革命思想，教育女学生为争取自身权力斗争，走革命的道路。这使程俊英等一大批学生具有了进步的革命思想，也开始了一些积极行动。

　　在李大钊先生的教导下，程俊英等几名同学为反对封建婚姻，商讨决定将汉乐府《孔雀东南飞》改编为五幕话剧，自编自演并聘请李老师导演，陈大悲先生协助、搞古装和布景，程俊英扮演兰芝这一关键性的角色。她牢记李大钊先生的嘱托："这出戏演得好不好，关键在兰芝这一角色，你演得愈悲惨，反封建婚姻的意义愈鲜明。不但要使女观众流泪，还要使男观众流泪。"

　　程俊英不负李老师的嘱托，刻苦演练，体会人物感情，深刻领会人物的心理动态。这使她在演出中获得了很大成功，剧目缠绵悱恻，形象传神，充分表现出"五四"时代知识界妇女要求摆脱吃人的封建礼教的束缚、争取婚姻自由的强烈愿望。

1927年5月，程俊英听说李大钊先生为革命而牺牲的噩耗，流泪不止，肺腑似裂。沉痛地摘取庭中鲜花一束，向墙上挂的毕业照上李先生像行三鞠躬礼，表达敬仰悼念之意。

为慰藉李大钊先生的英灵、不负老师的教育，程俊英一直以李老师的精神鼓励自己前进。新中国成立前，她经常和一些进步学生联系。学校要开除一些进步学生，程俊英设法援助，使有的同学还能留在学校做地下工作。新中国成立前夕，有几位同学被捕，她力求丈夫张耀翔教授营救并探望他们。这在暗探密布、风声鹤唳的恶劣环境中，这是非常可贵的。

新中国成立后，程俊英决心努力改造自己，争取早日入党，积极为社会主义服务。对于一个老知识分子来说，这个历程是艰难的，但每当她想到李老师的教导，李老师为革命捐躯的英勇精神，便不气馁。

个别老友善意地劝她："您已至耄耋之年，应该享受劳保的福利，何必常常写到深夜呢？"

她感激这些人的关心，但她不能忘记李老师的教诲。她心里一直想："年纪大了，做什么都慢，只好'以勤补拙'了。"

十一届三中全会以后，她重操旧业，修改存稿，出版了《诗经漫话》《诗经译注》两本书，发表论文多篇，还和蒋见元同志合作，整理了几本古籍。

她心里总是想：我听党的话，也就是听李老师的话。她勤勤恳恳为党工作，在古稀之年终于实现了自己的夙愿，在党旗下庄严宣誓，成为一名光荣的共产党员。

心灵物语

程俊英牢记李大钊的教诲，一生努力为社会建设贡献自己的力量，她的目标就是让自己成为一个对社会有用的人，成为一个像老师一样伟大的人。

"四公子"中的"一朵水仙花"

1917年夏天，年仅17岁的程俊英冲破了封建家庭的束缚，从福建考入北京女子师范学校国文专修科（后改名北京女子高等师范学校国文部）。1922年夏天，程俊英毕业后，成为中国第一批女大学生。这五年当中的经历，也成为程俊英一生最重要的转折点。

在这期间，程俊英受到了当时著名的学者李大钊、胡适、刘师培、周作人、黄侃、陈中凡、胡小石等人的教诲，深受新思潮的影响，积极跻身于五四爱国运动，接受新思想、新文学的洗礼。在李大钊执导的话剧《孔雀东南飞》中，程俊英饰刘兰芝，她"觉得自己就是无数被封建礼教害死的妇女冤魂"。

同时，在学术上，程俊英也得到了严格的训练。在古典文学，尤其是先秦文学、古典诗词写作等方面，她都打下了坚实的基础，受到李大钊、黄侃、胡小石等学者的赏识。

在这里，程俊英还遇上了与她并称为"四公子"的同学庐隐、王世瑛和陈定秀。她们兴趣相同，学术相讨，生活相共，着统一装束，参加各种组织，编辑刊物，在五四运动中为妇女解放独立自由勇敢地走上街头，游行集会，开中国女子干政游行之先例。当年，她们的同学、作家苏梅（雪林）曾写诗赞赏程俊英四人：

子昂翩翩号才子，目光点漆容颜美；
圆如明珠走玉盘，清似芙蓉出秋水（陈定秀）。
亚洲侠少气更雄，巨刃直欲摹苍穹；
夜雨春雷茁新笋，霜天秋淮搏长风（庐隐）。
横渠肃静伊川少（程俊英），晦庵从容阳明俏（王世瑛）；
闽水湘烟聚一堂，怪底文章尽清妙。

诗句形容了"四公子"中定秀之美、庐隐之雄、世瑛之俏和俊英之少。

1923年，庐隐以"四公子"生活为题材，创作了小说《海滨故人》。小说中的露莎、云青、玲玉和宗莹分别指庐隐自己、王世瑛、陈定秀和程俊英。这段日子，也成为程俊英"一生中最开心又难过，很值得留恋的日子"。

68年后，即1990年的夏天，年逾90岁的程俊英回想起庐隐、王世瑛、陈定秀的遇人不善和英年早逝，不胜感慨万分，一人在华东师大一村寓所内创作《海滨故人》的续篇《落英缤纷》，历时6个月。

如今，"四公子"的故事虽已成过去，而她们为妇女解放、自由、独立而追求的精神一直流传，直到永远。

年轻时代的程俊英清新脱俗，积极争取自由与独立。1919年便与程俊英相识，后与她情同手足的文学家郑振铎先生，曾多次由衷地将程俊英赞喻为"一朵水仙花"。

□文苑荟萃

程俊英爱好古典文学

程俊英一生致力于古典文学的研究，尤其精通先秦文学，对《诗经》的研究更是成果累累。20世纪70年代末，她修改有关《诗经》的存稿，出版了《诗经漫话》《诗经译注》《诗经注析》等书，备受海内外学术界推崇。

《诗经》今译的版本不少，但程俊英的译本特别受读者喜爱，因为她的译文总是绘声绘色。比如：

"桃之夭夭，灼灼其华。之子于归，宜其室家。"她译为："茂盛桃树嫩枝丫，桃花灿烂粉红花。这位姑娘要出嫁，和顺对待你夫家。"

"将仲子兮！无逾我里！无折我树杞！岂敢爱之？畏我父母。仲可怀也，父母之言亦可畏也。"她译成："求求你呀小二哥！别爬我家大门楼

呀！别弄折了杞树头呀！树倒不算什么，爹妈见了可要吼呀"……

这些译文既朗朗上口，又遵循了原诗或雅或俗的口吻、意趣。程俊英说，"译诗的优劣，非经过比较和反复咀嚼，不能得其三昧。"

同时，程俊英也认为，诗歌其实是不宜翻译的。比如"昔我往矣，杨柳依依。今我来思，雨雪霏霏。"再高明的译文，都无法再现那种缠绵悱恻的美好。因此她觉得，将《诗经》通俗化的努力，只是帮初学者砌几道台阶，让他们最终能"拾级而上，登堂入室"，去领略"真金美玉"。